দিগন্ত

লেখনী পরিবার

বইটি সকল পাঠক বর্গ কে উৎসর্গ করা হলো।

বিষয়বস্তু

ভূমিকা

লেখনী পরিবার এবং আপনাদের সহযোগিতায় সংকলনটি প্রকাশ করা হচ্ছে। ভালো খারাপ যেমনই লাগুক জানাবেন অবশ্যই। একবার চেখে দেখুন নিত্য নতুন সাহিত্যের স্বাদ।

আশা করি ভালো লাগবে।

প্রস্তাবনা

প্রথম প্রস্তাবনা -মার্চ ২০২২

1

নকশিকাঁথার গল্প

নকশিকাঁথার গল্প
নন্দিনী বিশ্বাস

অনেক দিন পর আজ পুরনো কাঠের আলমারিটা খুলেছেন অনিমা দেবী।কত স্মৃতি জড়িয়ে,কত পুরোনো গল্প।ভাবতে ভাবতেই চোখ গেল একটা অনেক পুরোনো কাঁথার ওপর।বহু দিন ধরা ছোঁয়া না হওয়ায় ধুলো জমেছে।একটু ঝেড়ে বাইরে নামালেন ওটা অনিমা দেবী।সুন্দর নকশায় তৈরী কাঁথাটা।মুচকি হেসে আলতো করে হাত বুলালেন অনিমা দেবী।হঠাৎ একটা মিষ্টি দেখতে বছর বাইশ তেইশের মেয়ে দুম করে উনার খাটের ওপর মুখ ফুলিয়ে বসে পড়লো।আকস্মিক ঘটনায় থতমত খেয়ে গেলেন অনিমা দেবী।মেয়েটা ততক্ষনে রাগে ফুঁসে চলেছে।এটা যদিও নতুন ব্যাপার না।মেয়েটা ছোটো থেকেই এমনই।একটুতেই রেগে যায়।কে জানে আজ আবার কি হল?

অনিমা দেবী মুচকি হেসে বললেন,"কি রে দিদিভাই?রাগ হয়েছে কেন?"

মেয়েটা মুখ ফুলিয়েই তাকালো অনিমা দেবীর দিকে,"খুব বাজে,খুব খারাপ!আর কক্ষনো কথা বলবো না আমি এই ছেলের সাথে..."

একটু অবাক হয়েই ভ্রু কুঁচকে তাকালেন অনিমা দেবী,"কে?কার কথা বলছিস তুই দোয়েল দিদিভাই?"

আবার মুখ ফোলালো মেয়েটা,"কে আবার,তোমার আদরের শুভ্র!খুব খুব খারাপ ছেলে!আজ আসুক,গলা টিপে মেরে ফেলবো!কক্ষনো কথা বলবো না..."

হেসে ফেললেন অনিমা দেবী,"কেন রে দিদিভাই,সে কি করেছে আজ আবার?"

"কি করেছে?বলো কি করেনি!সবার সামনে আমাকে উল্টো পাল্টা কথা বলেছে!বাঁদর একটা!ইচ্ছে করছে মেরেই ফেলতে!"

"তা কি বলেছে শুনি!"

দোয়েল মুখ ফুলিয়ে বলল,"তোমার মনে আছে ঠাম্মু,ছোটো বেলা একবার আমি ভুল করে শফেদার বীজ খেয়ে ফেলেছিলাম!ওই গাধাটা আজ আঙ্কেল আন্টি ব্রজো দাদাভাই সবার সামনে বলেছে আমার পেটে নাকি অনেক বড় শফেদার গাছ হয়ে গেছে এতদিনে। আর সেখানে অনেক শফেদাও হয়েছে.."

অনিমা দেবী এবার হো হো করে হেসে উঠলেন। এতে আরো রেগে গেল দোয়েল,"তুমি হাসছো ঠাম্মু?আর ও আমাকে সবার সামনে..."

অনিমা দেবী হাসতে হাসতেই বললেন,"তো কি করবো?তুই এত ক্ষেপি কেন?ও তোর পেছনে লাগে আর তুই সেটা সত্যি ভেবে বসে থাকিস?পাগলী!"

আবার মুখ ফোলালো দোয়েল। হঠাৎ ওর চোখ গেল বিছানায় নামানো কাঁথাটার দিকে। আলমারিটাও তখনও বন্ধ করেননি অনিমা দেবী। দোয়েল কাঁথাটা হাতে নিয়ে হাত বুলিয়ে বলল,"কি সুন্দর গো এটা ঠাম্মু!এটা কেই নকশিকাঁথা বলে না?"

মুচকি হাসলেন অনিমা দেবী। হঠাৎ দোয়েলের চোখ গেল কাঁথার ওপর লাল সুতো বুনে লেখা নামটার দিকে। সুতোগুলো একটু উঠো উঠো হয়ে একটু আবছা হয়ে গেলেও বোঝা যাচ্ছে। দোয়েল হাত বুলালো নামটার ওপর,"উদয় দা"

নামটা পড়ে একটু অবাক হয়েই ঠাম্মির দিকে তাকালো দোয়েল,"এটা কার নাম গো ঠাম্মি?"

আবার একটু হাসলেন অনিমা দেবী,"আমার একজন খুব প্রিয় বন্ধুর..."

"সিরিয়াসলি?তোমার প্রিয় বন্ধু?ইউ মিন বেস্ট ফ্রেন্ড?তোমার বেস্ট ফ্রেন্ড?" বেশ কিছুটা অবাক হয়েই বলল দোয়েল।

হেসে ফেললেন অনিমা দেবী,"বারে,আমার বুঝি বেস্ট ফ্রেন্ড থাকতে নেই?"

এবার খিলখিলিয়ে হেসে উঠলো দোয়েল,"আলবাত পারে!নিশ্চই পারে! কিন্তু তুমি সত্যি বলছো ঠাম্মু?এই তোমার উদয় দা তোমার বেস্ট ফ্রেন্ড ছিল?"

অনিমা দেবী দোয়েলের গালটা টিপে দিয়ে বললেন,"ছিলোই তো!একদম তোর আর শুভ্রর মতো!!"

শুভ্রর নামটা শুনেই মুখ কুঁচকালো দোয়েল,"নাম নেবে না ওই গাধাটার!আড়ি

আমার ওর সাথে!"
অনিমা দেবী হেসে ফেলে বললেন,"আচ্ছা বেশ!নেবো না নাম! কিন্তু এই রাগ কতক্ষন তুই রাখতে পারিস সেটাও দেখছি!"
মুখ বেঁকালো দোয়েল,"আর কোনোদিনও কথা বলবো না!আচ্ছা ওর কথা বাদ দাও তো তুমি!ওই কালো বেড়ালটার নাম নিলেই সব খারাপ হয়!তুমি বরং তোমার আর তোমার বেস্ট ফ্রেন্ডের গল্প টা আজ আমাকে বলো!বলো না ঠাম্মু,বলবে তো?"
একটা দীর্ঘশ্বাস ফেললেন অনিমা দেবী,"আচ্ছা বলবো!"
"সত্যিই?"
"হুমম রে পাগলী!আচ্ছা এবার একটু গুছিয়ে বস দেখি!শুধু রাগ করে মুখ ফুলিয়ে বসে আছে!"
হেসে ফেলল দোয়েল।অনিমা দেবীর কোলেই মাথা রেখে শুয়ে পড়লো।নিজের চুলের ভাঁজে অনিমা দেবীর হাতটা নিয়ে মিষ্টি হেসে বলল,"এবার বলো!"
আবার হেসে ফেললেন অনিমা দেবী।মেয়েটা সেই ছোটো থেকেই বড্ডো আদুরে।ওনার বড় ছেলের একমাত্র মেয়ে।আদরের তো হবেই।দুই ছেলে অনিমা দেবীর।সতেরো বছর বয়সেই উনি স্বামির ঘর করতে এসেছেন।বামুন বাড়ির মেয়ে ছিলেন,আর বামুন বাড়ির বৌ।লেখা পড়ার পাঠটা যদিও বহু আগেই চুকেছে।এমনিতেও ওনার বাপ ঠাকুরদা মেয়েদের লেখা পড়া পছন্দ করতেন না।তাই তো বিয়ে করে স্বামীর ঘর করাই জীবনের উদ্দ্যেশ্যে হয়ে গিয়েছিল।বড় ছেলের এক মেয়ে আর ছোটো ছেলের দুই ছেলে।বেশ কয়েক বছর হল ওনার স্বামী পরলোক গমন করেছেন।তাই এখন দুই ছেলে বৌমা আর তিন নাতি নাতনিকে নিয়েই ওনার সংসার।দোয়েলই এই বাড়ির একমাত্র মেয়ে।তবে আদুরে তো হবেই।
অনিমা দেবীকে চুপ থাকতে দেখে এবার অধৈর্য হয়ে উঠলো দোয়েল।মুখ কুঁচকে বলল,"ও ঠাম্মু,কি হল?বলো না গো..."

হেসে ফেললেন অনিমা দেবী।দোয়েলের মাথার চুলে আঙ্গুল চালাতে চালাতেই বলল,"কোন গল্পটা বলবো?অনিমার জীবনের গল্প?না উদয় দার গল্প?"
"দুটোই!"

আবার একটু হাসলেন অনিমা দেবী,"আচ্ছা,বেশ!শোন তবে!বামুন বাড়ির একটা ছোট্টো গ্রামের মেয়ে ছিলাম আমি। তবে আমার বাবা দাদুরা

বেশ বড় লোক ছিল। হয়তো গ্রামের মধ্যে সবচেয়ে বড় বাড়িটা আমাদেরই ছিল। আমরা ছিলাম চারবোন দুই ভাই। উদয় দা আমার ছোট দার বন্ধু ছিল! বাড়ির সবচেয়ে ছোটো মেয়ে ছিলাম আমি। বড় দিদির বিয়ে যখন হয় তখন আমার বয়স পাঁচ কী ছয়....."

কথাগুলো বলতে বলতেই পুরনো দিনে হারিয়ে গেলেন অনিমা দেবী.....

"বাউল দাদু...আজ কোনো গান শোনাবে না?তোমার গান আমার খুব ভালো লাগে..."

বছর পঞ্চান্ন ছাপ্পান্নর একজন গেড়ুয়া পোশাকের ব্যাক্তি গাছের নীচে বসে একতারাটা নিয়ে কিছু করছিল। বছর পনেরো ষোলোর একটা মেয়ের মিষ্টি গলা শুনে মাথা তুলে তাকালো। মুচকি হাসি নিয়ে বলল,"অনিমা মা যে?তুই এখানে?"

শাড়ির আঁচলে লুকিয়ে রাখা ছানার মিষ্টির বাটিটা বের করে ব্যাক্তির দিকে এগিয়ে দিল মেয়েটা। অবাক হয়ে তাকালেন ব্যাক্তি। চোখ দুটো ছোটো করে বললেন,"ও কি?"

"ঠাকুমা মিষ্টি বানিয়েছিল। আমি লুকিয়ে নিয়ে এসেছি তোমার জন্য! নাও নাও এবার চটপট খেয়ে নাও দেখি...."

আরো অবাক হল বৃদ্ধ। চোখদুটোও ছলছল করে উঠলো। তা চোখে পড়তেই মুখ কুঁচকালো অনিমা,"ও বাউল দাদু,তোমাকে বলেছি না,একদম আমার সামনে কান্নাকাটি করবে না..."

লোকটা মিষ্টির বাটিটা হাতে নিয়ে মাথায় হাত দিয়ে অনেক আশির্বাদ করলেন অনিমাকে। ছলছল দৃষ্টিতে তাকিয়ে বলল,"তুই সত্যিই আগের জন্মে আমার মা ছিলি রে! অনেক বড় হ মা,খুব সুখি হ!"

মুচকি হাসলো অনিমা। বাউল দাদু সবসময় এইভাবেই আশির্বাদ করে ওকে। বড় ভালো লাগে ওর। তাই তো সুযোগ পেলেই চলে আসে বাউল দাদুর গান শুনতে। লোকটা বড় একা। কিন্তু বড্ডো ভালো মানুষ। এই মানুষটার কাছে এলে একটা অদ্ভুত শান্তি পায়। তার কথাগুলো বড় ভালো লাগে। কথাগুলো ভাবতে ভাবতেই চোখ গেল সামনের কাঁচা রাস্তাটার দিকে। ছোট দা আসছে মনে হচ্ছে। উঠে দাঁড়িয়েই এক ছুট লাগালো। বাউল দাদু অবাক হয়ে বলল,"অনিমা মা কোথায় চললি?আস্তে যা,পড়বি তো..."

অনিমা ছুটতে ছুটতেই বলল,"ছোট দা আসছে গো বাউল দাদু...আমি যাই...."

হেসে ফেললেন বাউল দাদু। ততক্ষনে ছোট দার কাছে পৌছে গেছে

অনিমা।হঠাৎ বোনকে এইভাবে ছুটে আসতে দেখে অখিলেশও চমকে উঠলো।অবাক হয়ে বলল,"তুই এখানে কি করছিস?"
অনিমা মিষ্টি করে হেসে বলল,"বাউল দাদুর গান শুনতে এসেছিলাম!তুমি তো শহর থেকে এলে!নতুন বই এনেছো বুঝি?"
বোনের উৎসাহ দেখে মুচকি হাসলো অখিলেশ।পড়ালেখার বড্ডো শখ মেয়েটার।তাইতো ওই মাঝে মাঝে সাহায্য করে।অক্ষর পরিচয় ছাড়াও ছোটো ছোটো বই এনে দেয় বোনকে।অবশ্য সবটাই বড় দা বা বাবা দাদুর চোখের আড়ালে।ও হেসে বলল,"এনেছি তো রে!ইংরেজি বইও আছে!সন্ধ্যেবেলা পড়ে শোনাবো কেমন?"
মুখটা উজ্জ্বল হয়ে উঠলো অনিমার। কিন্তু হঠাৎ চোখ গেল অখিলেশের পাশে দাঁড়ানো ওরই বয়সী ছেলেটার দিকে।এতক্ষন খেয়ালই করেনি।ছেলেটা ওর দিকেই তাকিয়ে।ঠোঁটে একটা মিষ্টি হাসি লেগে আছে।অবাক হল অনিমা!দাদার দিকে অবাক হয়ে তাকাতেই সে মুচকি হেসে বলল,"ও আমার বন্ধু উদয়!এইদিকেই কিছু কাজে এসেছিল!কদিন আমাদের বাড়িতেই থাকবে!আর উদয়,ও আমার বোন অনিমা.."
অনিমা তখনও অবাক হয়ে তাকিয়ে।ছেলেটাই মিষ্টি হেসে বলল,"সে তো বুঝেছি! কিন্তু তোর বোনের বোধ হয় আমার এখানে আসা টা পছন্দ হয়নি..."
মিষ্টি হাসি নিয়ে অনিমার দিকে তাকিয়েই কথাটা বলেছিল।কি বলবে বুঝতে পারেনি অনিমা।অখিলেশই মুচকি হেসে বলল,"না না,ও কিছু না!আসলে নতুন তো তুই!আর অনিমা তুই জানিস উদয় খুব ভালো ইংরেজি পারে!যতদিন আছে মাঝে মাঝে ওর কাছে ইংরেজি শিখে নিস!"
অনিমা অবাক হয়ে বলল,"ওনার কাছে?"
এবার উত্তরটা উদয়ই দিল,"কেন বলুন তো?আমাকে দেখে কি মনে হয় পারবো না?"
অনিমা মাথা নাড়িয়ে কিছু বলার আগেই অখিলেশ বলল,"ওকে আপনি বলছিস কেন?ও তোর বোনের মতো!অনেক ছোটো হবে তোর চেয়ে!তুই দিয়ে বা তুমি দিয়েই বলিস!"
অনিমা তখনও নিশ্চুপ।ওর দিকে তাকিয়েই মুচকি হাসলো উদয়,"আচ্ছা,বেশ!"

এরপর থেকে উদয়ের কাছেই মাঝে মাঝে ইংরেজি পড়তে যেত অনিমা।বেশ

বড় দালানবাড়ি ছিল ওদের।তিনতলা বাড়ি।আর সাথে একান্নবর্তী পরিবার। অঢেল ঘর।বেশ কিছুটা জমিদার বাড়ির মতো।এত বড় বাড়ি সত্যিই আগে দেখা হয়নি উদয়ের।মধ্যবিত্ত বাড়ির খুব সাধারন ছেলে ও।বাবা খেটে খাওয়া মানুষ।তবু ছেলেকে লেখা পড়া শিখিয়েছিলেন ওর বাবা।নিজের গ্রাম ছেড়ে কোলকাতা শহরে পড়তে গিয়েছিল উদয়।সেইখানেই পরিচয় হয় অখিলেশের সাথে।কয়েকদিনেই বেশ ভালো বন্ধু হয়ে গিয়েছিল ছেলেটা।তাইতো এইদিকে কাজ আছে শুনেই খানিকটা জোড় করেই নিজের বাড়িতে নিয়ে এসেছিল।এইবাড়িরই নীচের তলার একটা ঘরে এখন আছে ও।বাড়ির মানুষগুলো বেশ ভালো।তবে অখিলেশের বাবা আর দাদু লোকদুটো একটু বেশীই রাশভারী।হঠাৎ ভেজানো দরজা খোলার শব্দে পেছনে ফিরলো উদয়।এতক্ষন বইয়ের টেবিলে বসেই একটা ইংরেজি সাহিত্যের বই পড়ছিল।অনিমা কখন এসেছে বুঝতে পারেনি।অনিমা এসেই মুচকি হেসে বলল,"ব্যস্ত ছিলে বুঝি উদয় দা?"

এতদিনে বেশ সহজ হয়েছে ওর সাথে মেয়েটা।বেশ ভালো বন্ধুত্বও হয়ে গেছে ওদের।উদয় মুচকি হেসে বলল,"একদমি না! কিন্তু তুমি এখানে?কোনো দরকার ছিল?"

"তোমার কাছে পড়তে এলাম গো!"

মুচকি হাসলো উদয়,"তা বেশ করেছো! কিন্তু তুমি যদি প্রতিদিন এমন হঠাৎ হঠাৎ চলে আসো তোমার বাড়ির লোক আবার ভুল বুঝে আমাকে মারবে না তো?"

ভ্রু কুঁচকে তাকালো অনিমা,"খামোকা তোমাকে মারবে কেন?"

"এইভাবে একটা ছেলের ঘরে আসা কি ঠিক?"

কথাটা বড্ডো কানে লাগলো অনিমার।অবশ্য ভুল তো কিছু বলেনি ছেলেটা।ওদের এই পড়াশুনার কথা তো ছোট দা বাদে কেউই জানে না।ভুল ভাবাই হয়তো স্বাভাবিক। কিন্তু ও তো উদয় দা কে সবসময় বন্ধুর মতোই দেখেছে।তবে হঠাৎ করেই অকারন অভিমান জমলো।শুকনো মুখে বলল,"বেশ তবে আর আসবো না...."

কথাটা বলেই আর দাঁড়ায়নি অনিমা। এক ছুটে বেড়িয়ে এসেছিল উদয়ের ঘর থেকে।ওদিকে হঠাৎ এমন আচরনে অবাক হয়ে গিয়েছিল উদয়।

দিনগুলো বেশ তাড়াতাড়ি পেরিয়ে গিয়েছিল।তবে এইকয়েদিনে একবারও উদয়ের কাছে যায়নি অনিমা।অভিমানে হয়তো। কিন্তু ও নিজেও বোঝেনি

এই এত অল্প দিনে একটা বাইরের ছেলের ওপর এমন অভিমান কেন জমলো ওর?একমনে কথাগুলো ভাবতে ভাবতেই শাকোয়া বাঁধটার কাছে এসেছিল ও। বাঁধটার নাম এই শাকোয়া কেন আজও জানা হয়নি। তবে গ্রামের লোকের মুখে শুনেছে এই বাঁধে নাকি একটা সময় ছোটো ছোটো ঝিনুক পাওয়া যেত। তাতে হয়তো মুক্তও থাকতো। বাঁধটার যোগ নাকি সরাসরি নদীর সাথে। তাইতো কখনো এর জল শুকোয় না। পুরো বাঁধটাই শালুক ফুলে ভরা। মন খারাপ হলেই এখানে চলে আসে অনিমা। জায়গাটা বড্ডো ভালো লাগে ওর। কিন্তু আজ এসে অবাক হল। বাঁধের পাড়েই কেউ একটা বসে। তবে তাকে চিনতে অসুবিধা হল না। বাঁধটার পাড়ে ছিপ নিয়ে বসে আছে উদয়। মুখ কুঁচকালো অনিমা। ভাবলো ফিরে যাবে। কিন্তু ও কেন ফিরবে?কথাটা ভেবেই উদয়ের থেকে বেশ কিছুটা দূরে একটা পাড়ে খেজুর গাছটার নীচেই বসে পড়লো অনিমা। তবে ওর দিকে চোখ যেতেই মিষ্টি করে হাসলো উদয়। তবে ও তবু তাকালো না। মুখ ফিরিয়ে বসে রইলো। ওর আচরনে একটু হাসলো উদয়। ছিপটা হাতে নিয়েই উঠে এসে অনিমার পাশে দাঁড়ালো। অনিমা ওকে দেখেই উঠে পড়তে যাচ্ছিল। কিন্তু ও বলে উঠলো,"তা এত রাগের কারনটা একটু শুনি..."

ভ্রু কুঁচকালো অনিমা,"আমি রাগ করিনি!"

"তাই?তবে এতদিন কথা বলা হচ্ছে না,আমার কাছে আসা হচ্ছে না,কারনটা কি?"

এইবার মুখ তুলে তাকালো আনিমা। রাগ হচ্ছে খুব। কান্নাও পাচ্ছে। সেদিন এতগুলো কথা বলে এখন জিজ্ঞেস করছে কেন?রাগটাকে বজায় রেখেই বলল,"তোমার সুবিধার জন্য!"

"কিন্তু তোমার না অসাতে আমার সুবিধা হচ্ছে এটা মনে হল কেন?"

"তুমিই তো বলেছিলে..."

কথাটা কোনোরকমে বলে চলে আসতে যাচ্ছিল অনিমা কিন্তু বাঁধা পেল। ওর হাতটা আলতো করে টেনে ধরেছে উদয়। নিজের অজান্তেই হালকা কেঁপে উঠলো অনিমা। অবাক হয়ে তাকালো উদয়ের দিকে। তার মুখটাও শুকনো।

"সেদিন একটু মজা করে কি বলতে কি বলেছি,তা বুঝি এইভাবে ধরে বসে থাকতে হয়?"

কথাটা শুনেই চোখ দুটো ছলছল করে উঠলো অনিমার!ওকে চুপ থাকতে দেখে আবার বলল উদয়,"কথা বলবে না আমার সাথে?"

মুখ তুলে তাকালো আনিমা। চোখের কোনে জমা জলটা মুছে মুচকি হেসে

বলল,"বলবো তো! কিন্তু আর এইসব বললে সত্যিই আমার বাড়ির লোকেদের দিয়ে মার খাওয়াবো...."
ওর বলার ধরনে হেসে উঠলো উদয়। অনিমা নিজেও হেসে ফেলল।

এর কয়েকদিন পরই ফিরে গিয়েছিল উদয়। তবে উদয় চলে যাওয়ার পরই মনটা ভীষন খারাপ হয়ে গিয়েছিল অনিমার। এই কয়েকটা দিনেই একটা মানুষ এতটা কাছের কি করে হয়ে যায়?বোঝেনি ও। তবে বড্ডো ফাঁকা লাগতো। আর কারোর চোখে না পরুক এটা বাউল দাদু ঠিক বুঝেছিল। মুচকি হেসে বলেছিল,"তা মনটা পুড়লো কার জন্য তোর?কোন মথুরায়?"
বেশ অবাক হয়ে কথাটা না বুঝেই তাকিয়েছিল অনিমা। ওর মুখ দেখে হেসে উঠেছিল বাউল দাদু। হাসতে হাসতেই বলেছিল,"কেষ্ঠ ঠাকুরটা কে?"
এবার কথাটা বুঝেছিল অনিমা। অজান্তেই লজ্জা পেয়ে গিয়েছিল। লাজুক মুখেই বলেছিল,"তুমি ভুল ভাবছো বাউল দাদু!ও বন্ধু আমার!!"
আবার হেসে ফেলেছিল বাউল দাদু,"ভুল বুঝছি!তা হবে হয়তো....."
আর কথা হয়নি এই নিয়ে। বাড়ি ফিরে এসেছিল। তবে একটু ভাবনায় পড়ে গিয়েছিল বৈকি। আনমনেই ভেবে গিয়েছিল অনেক কিছু। সেদিন মেজো দিদির সাথে বসেই কাঁথা সালাই করছিল ও। এই নকশিকাঁথাটা ওদের পরিবারের চল। রাতও হয়েছিল বেশ কিছুটা। মেজো দিদি উঠে বসে বলেছিল,"বাকিটুকু করে নিবি অনিমা,বড্ডো ঘুম পাচ্ছে আমার..."
মুচকি হেসে সম্মতি দিয়েছিল অনিমা। মেজো দিদি ঘরে চলে যেতে ওই কাঁথাটার নকশায় মন দিল। কিন্তু কখন যে উদয়ের কথা ভাবতে ভাবতেই কাঁথার নকশার মাঝে ই বাংলার গোটা গোটা অক্ষরে ‘উদয় দা’ নামটা লিখে ফেলেছে বুঝতেই পারেনি। কিন্তু বুঝতে পেরেই বেশ ভয় পেয়ে গেল। কেউ দেখে ফেললে যে সর্বনাশ হয়ে যাবে। মা,ঠাকুমা বা দিদিরা হয়তো পড়তে পারবে না। কিন্তু বাবা দাদু বা দাদা রা দেখলে?ভয়ে গলা শুকিয়ে গেল অনিমার। এ তো কালির লেখা নয়,এ তো সুতোর নকশা!কিভাবে মুছবে?আর ভাবতে পারলো না। কাঁথাটা মুড়ে ভাঁজ করে আলমারিতে ঢুকিয়ে রেখে দিল। আর অন্য একটা অর্ধেক করা কাঁথা নামিয়ে রাখলো। দিদিকে কাল যা হোক কিছু বলে সামলাবে। কিন্তু এটা কিছুতেই চোখে পড়তে দেওয়া যাবে না। ভাবতে ভাবতেই ওর বাউল দাদুর কথা মাথায় এল। তবে কি বাউল দাদুই ঠিক?কথাটা ভাবতেই আবার লজ্জা ঘিরে ধরলো ওকে। হেসে ফেলল ও।

বেশ কয়েকদিন হল উদয় আবার ওদের বাড়িতেই আছে। গ্রামেরই স্কুলে ইংরেজির শিক্ষকের চাকরিটা পেয়েছে ও। টাকার যে বড্ডো দরকার ছিল ওর। মা যদিও আগেই মারা গেছেন। বাবা অসুস্থ বাড়িতে। তাই তো একটা চাকরির খোঁজ করছিল ও। লেখা পড়ায় ভালোই ছিল সে। কিন্তু ওদের গ্রামের স্কুলেই পড়াবে শুনে অখিলেশ আবার জোড় করেই ধরে এনেছে ওকে। ওকে নাকি এইখানেই থাকতে হবে। কিন্তু এইভাবে অন্যের বাড়িতে থাকাটা যে বড্ডো অসম্মানের। তাই ও বলেছিল থাকলে ও ভাড়া দিয়ে থাকবে। প্রথম দিকে একটু আপত্তী করলেও পরে রাজি হয়েছিল অখিলেশের বাবা ও দাদু। মনে মনে প্রশংশাও করেছিল ওর আত্মসম্মান বোধের। তবে উদয় ফিরে আসায় অনিমা বেশ খুশি হয়েছিল। কাউকে হয়তো বলতে পারেনি। কিন্তু এক অদ্ভুত উচ্ছ্বাস ছিল ওর মধ্যে।

উদয় আবারও মাঝে মাঝেই পড়া দেখিয়ে দিত অনিমাকে। সকালে স্কুল থাকায় সন্ধ্যে বেলা ই সময় পেত ছেলেটা। সেই সময়টুকুই রাখতো অনিমার জন্য। কেন যেন এই কয়েকদিনে সেও জড়িয়ে পরেছিল এই মেয়েটার মায়ায়। দিনগুলো সেইভাবে বেশ চলে যাচ্ছিল। কিন্তু হঠাৎ একদিন ঘটনাটা চোখে পড়ে ওর মেজো দিদির। বই পড়ার ব্যাপারটা কেউই জানতো না। এতদিন তাই লুকিয়েই এসেছে অনিমা। তবে আজ ফিরে আসতেই দিদির প্রশ্নের মুখে পড়লো,"ওই ছোট দার বন্ধুটার সাথে তোর এত কি দরকার রে অনিমা?দিন নেই রাত নেই ওর আশেপাশেই ঘোরাঘুরি করিস...."

কথাটায় থমকে দাঁড়িয়ে পড়েছিল অনিমা। কি উত্তর দেবে ও?তবু একটু সামলিয়ে বলেছিল,"ও তেমন কিছু না,আমি উদয় দা কে জিজ্ঞেস করছিলাম তার কোনো সমস্যা হচ্ছে কি না!আসলে সে একটু চুপচাপ তো...."

ভ্রু কুঁচকালো অনিমার মেজো দিদি। হয়তো কথাটা ঠিক বিশ্বাস হয়নি। একটু চুপ থেকে বলেছিল,"এই কথাটা কি রোজ জিজ্ঞেস করতে হয়?দিনকাল ভালো না!তার ওপর তুই যুবতি! অচেনা অজানা একটা অল্পবয়সী ছেলের সাথে এত কথার কি আছে?"

কিছু উত্তর দেয়নি অনিমা। শুধু একটা দীর্ঘশ্বাস ফেলেছিল। তবে বুঝেছিল বাড়িতে এইবার উদয় দার কাছে যাওয়ার রাস্তা বুঝি বন্ধ হল। এবার দিদির চোখে পড়লে হয়তো কথাটা মা ঠাকুমার কানেও যাবে। তবে কি আর যেতে পারবে না উদয় দার কাছে?কথাটা ভাবতেই চোখ দুটো ভরে উঠেছিল।

বাড়িতে দেখা আর সত্যিই করেনি অনিমা। মাঝে মাঝে শাকোয়া বাঁধের পাড়ে বসে থাকতো দুজন। কি এক অদৃশ্য বন্ধন ছিল হয়তো। সেটা ভালোবাসা কি না বোঝেনি অনিমা। তবে এই সান্নিধ্যটা ভালো লাগতো। প্রথমে একদিন উদয়ই বলেছিল,"সত্যিই কি আর বাড়িতে আসা যায় না? কিন্তু তুমি তো পড়তেই আসো...."
একটু নীরব থেকে বলেছিল অনিমা,"কেউ তো জানে না তা!আর জানলেও সমস্যা!তার চেয়ে এই ভালো...না হয় কথা নাই বললাম...."
অবাক হয়ে তাকালো উদয়,"কথাও বলা যায়না?"
ওর বলার ধরনে হেসে ফেলেছিল অনিমা,"বেশ মাঝে মাঝে কথা বলবো!শাকোয়ার পাড়ে!চলবে?"
উদয়ও হেসে ফেলেছিল। তবে তখন ওরা দুজনের কেউই বোঝেনি কি অপেক্ষা করছে ওদের জন্য। এলাকায় বেশ মান্যি গুন্যি মানুষ ছিলেন অনিমার বাবা। গ্রামেরই কেউ হয়তো গিয়ে কথাটা কানে তুলেছিল তার। সেদিন বাড়িতে ফিরতেই বেশ কয়েকটা কড়া কথা জুটেছিল বাবা দাদুর থেকে। মা ঠাকুমা দিদিরাও ছেড়ে কথা বলেনি। উদয়কে হয়তো তেমন কিছু বলা হয়নি। তবে হাব ভাবে বুঝিয়ে দিয়েছিল ওকে নিজেদের অসন্তুষ্টি। সব থেকে বেশি অত্যাচার জুটেছিল অনিমার কপালে। বাড়ি থেকে বেড়োনোর রাস্তাও বন্ধ হয়ে গিয়েছিল। উদয়ের সাথে দেখা করা তো অনেক দূর। খুব কেঁদেছিল মেয়েটা। কেউ বোঝেনি ওকে। একমাত্র বুঝেছিল ওর ছোট দা। বাড়ির মধ্যে এই একজনই হয়তো সবসময় আগলে রেখেছে ওকে,বুঝেছে। একদিন বাউল দাদুও এসেছিল দেখা করতে। ছোট দাই দেখা করার ব্যাবস্থা করে দিয়েছিল। খুব কেঁদেছিল মেয়েটা বাউল দাদুর কাছে। বাউল দাদু মাথায় হাত বুলিয়ে বলেছিল,"প্রেম যে বড় ব্যাথার রে মা!ভালোবাসলে কষ্ট তো পেতেই হবে...."
অবাক হয়ে তাকিয়েছিল অনিমা বাউল দাদুর দিকে। পায়নি উত্তর দেওয়ার কোনো কথা।

কেটে গিয়েছিল আরো কয়েকটা দিন। সত্যিই আর দেখা হয়নি উদয়ের সাথে অনিমার। বেড়োতেই পারেনি নিজের ঘর থেকে। কিন্তু ভাবেনি এমন কোনো কথা শুনতে হবে। ঘর বন্দী অবধি হয়তো ঠিক ছিল। কিন্তু এবার চরম সিদ্ধান্তটা নিয়েছিল অনিমার দাদু। ওর বিয়ের সিদ্ধান্ত। কথাটা শুনেই পায়ের

তলা থেকে মাটি সরে গিয়েছিল অনিমার। আবার কেঁদে উঠেছিল ও। জীবনে প্রথম নিরলজ্জের মতো মায়ের কাছে গিয়েই বলেছিল পারবে না বিয়ে করতে,দাদুকে আটকাতে। কিন্তু ওর মাই বা কি করে?শ্বশুরমশাইয়ের ওপর যে কেউই কথা বলে না। কিন্তু মেয়ের কষ্টটাও যে চোখে দেখতে পারছিলেন না। কথা বলেছিলেন উনি স্বামীর সাথে। তাতে বিন্দুমাত্র লাভ হয়নি। বরং পরিস্থিতি আরো খারাপ হয়ে গিয়েছিল। অনিমার খুব অসহায় লাগছিল নিজেকে। বিয়ের দিনও যে ঠিক করে ফেলেছিল ওর দাদু। এত চেষ্টা,কান্না সব বৃথা গিয়েছিল। তবে ও অবাক হয়েছিল এটা ভেবে এর কিছুই কি উদয়ের কানে যায়নি?গেলে এত নীরব কি করে সে?একটুও কষ্ট হচ্ছে না তার?নাকি তার মনে কোনো অনুভূতিই নেই অনিমার প্রতি?কথাটা ভাবতেই চোখদুটো আবার ছলছল করে উঠছিল অনিমার। তবু মনটা হয়তো নিষেধ শোনেনি। তাই তো সব ভুলে চূরান্ত সাহস একদিন রাতের অন্ধকারেই ছুটে গিয়েছিল উদয়ের ঘরের দিকে। এত রাতে দরজায় কড়া নাড়ার শব্দে চমকে উঠেছিল উদয়। আর অনিমাকে দেখে আরো অবাক হয়েছিল। অনিমা হাঁপাতে হাঁপাতেই কান্না ভেজা গলায় বলেছিল,"দাদু আমার বিয়ে ঠিক করে দিয়েছে উদয় দা...আমি বিয়েটা করতে চাইনা..."

বলতে বলতেই ফুঁপিয়ে উঠেছিল মেয়েটা। কিন্তু উদয় নীরব দৃষ্টিতে তাকিয়ে ছিল। হয়তো কষ্ট হচ্ছিল মেয়েটাকে এইভাবে কাঁদতে দেখে। কিন্তু ওর হাতেও তো কিছুই থাকেনি। গম্ভীর মুখে বলেছিল,"তোমার এখানে এত রাতে আসা ঠিক হয়নি অনিমা!কেউ দেখে ফেললে ভুল বুঝতে পারে!"

অবাক হয়ে তাকিয়েছিল অনিমা। লোকটার কি কিচ্ছু যায় আসে না ওর কথাগুলোয়। আবার কান্না ভেজা গলায় বলেছিল,"উদয় দা,আমি...."

কথাটা শেষ হতে দেয়নি উদয়। তার আগেই বলেছিল,"তোমার বাবা দাদুরা তোমার জন্য যা সিদ্ধান্ত নিয়েছে তা নিশ্চই ভেবে চিন্তেই নিয়েছেন!মেনে নিও ওদের কথা!ফিরে যাও অনিমা!"

হতবম্ব হয়ে তাকালো অনিমা। শেষের কথাটাই কানে বেজে উঠলো। এইভাবে ফিরিয়ে দিল ওকে উদয় দা?এইভাবে পারলো?চোখ দুটো আবার ভিজে এল। ওর ভেজা চোখদুটো দেখে একটা দীর্ঘশ্বাস ফেলল উদয়। চোখ দুটো বন্ধ করে বলল,"কিছু জিনিস অপূর্নই ভালো জানো তো!স্মৃতি মহলে বড্ডো জাঁকিয়ে থাকে!কিছু না হয় না পাওয়াই থাক!!"

প্রথমের কথাগুলো শুনে শেষের এই কথাগুলোর মানে বোঝেনি অনিমা। হয়তো বোঝার বা শোনার চেষ্টাও করেনি। ও ভাবেনি উদয়

এইভাবে ফিরিয়ে দেবে ওকে।আর কিছু না বলেই ফিরে এসেছিল অনিমা। নীরব দৃষ্টিতে ওর যাওয়ার দিকে তাকিয়ে দীর্ঘশ্বাস ফেলেছিল উদয়। না বিয়েটা আটকায়নি অনিমার। নিজের মনের সব অনুভূতি গুলোকে মনের অন্তরালে রেখেই অন্য কারুর হাতের সিঁদুরে রাঙা করেছিল নিজের সিঁথি। নিজের স্বপ্ন,ভালোবাসা পেছনে ফেলে এগিয়ে গিয়েছিল অন্যকারুর ঘর সাজাতে। উদয়ও হয়তো সেইদিনের পর ঠিকানা বদল করেছিল। তবে তার খোঁজ আর নেওয়া হয়নি অনিমার। তখন যে ও অন্যকারোর ঘরনী।

এতক্ষন অবাক হয়ে ঠাম্মুর গল্প শুনছিল দোয়েল। কথাগুলো বলতে বলতেই চোখ দুটো কখন ভিজে গেছে অনিমা দেবীর। অবাক হয়ে তাকিয়েছিল দোয়েল। এই একটা মানুষকে ছোটোর থেকেই দেখে আসছে। কখনো এত দুর্বল হতে দেখেনি। আজ তবে তার চোখেই জল। দোয়েলও তো চোখের জলটা আটকাতে পারছে না। আচ্ছা,ভালোবাসা কি এইভাবেই অপূর্ন রয়ে যায়?কেন এত কষ্ট ভালোবাসায়?আর ঠিক কতটা ভালোবাসলে নিজের ভালোবাসার মানুষটাকেই অন্যের হাতে তুলে দেওয়া যায়?

কথাগুলো ভাবতে ভাবতেই ধরা গলায় বলল দোয়েল,"ঠাম্মু?"

এতক্ষন পুরোনো খেয়ালে হারিয়ে ছিল অনিমা দেবী। নাতনির কথায় চোখের জলটা মুছে মুচকি হেসে বলল,"হুমম?"

"ভালোবাসা কি এইভাবেই অপূর্ন রয়ে যায়?"

মুচকি হাসলেন অনিমা দেবী,"ধুর পাগলী!সবার হয় কে বলেছে?শুধু সময় থাকতে তা বুঝে জানিয়ে দিতে হয়!ভালোবাসলে আগলে রাখতে হয়,বুঝলি পাগলী?"

অবাক হয়ে কথাগুলো শুনলো দোয়েল। একটু হেসে বলল,"তোমার উদয় দা তোমাকে ভালোবাসতো বলো?তবে বলেনি কেন?"

"কিছু জিনিস হয়তো অনুভবের হয়!তাতেই আলাদা শান্তি থাকে!"

আনমনেই কথাগুলো বলে গেল অনিমা দেবী। দোয়েলও হয়তো নিজের খেয়ালেই কিছু ভেবে গেল। কিন্তু ভাবনায় ব্যাঘাত ঘটলো একটা বিকট চিৎকারে। একটা বছর পঁচিশের ছেলে চিৎকার করতে করতেই প্রায় ছুটে ঘরে ঢুকলো। অনিমা দেবী আর দোয়েল দুজনেই অবাক হয়ে তাকালো।

"দিয়ু,দিয়ু প্লিজ আর রাগ করে থাকিস না....এতবার ফোন করেছি ধরছিস না!আচ্ছা এই দেখ কান ধরছি!আর কক্ষনো এমন বলবো না...."

ছেলেটার কান্ড দেখে হেসে ফেলল অনিমা দেবী। কিন্তু দোয়েল মুখ ফুলিয়ে

বলল,"কেন এসেছিস রে এখানে?যা দূর হ...কোনো কথা নেই আমার তোর সাথে..."

"এমন বলিস না দিয়ু...."

"বলবো না?তুই সবসময় ইনসাল্ট করিস আমাকে!"

"উফফ ক্ষেপি,ওটা ইনসাল্ট?তুই মজা বুঝিস না কেন রে?"

"তো করবি না মজা!যা বেরো...."

"দিয়ু..."

"বললাম না তোকে এক্ষুনি বেরো...."

"ঠাম্মু দেখো না..."

এতক্ষন চুপ করে বসে ওদের দুজনের ঝগড়া দেখছিলেন অনিমা দেবী। এবার মুচকি হেসে বললেন,"দোয়েল দিদিভাই, আর রাগ করে থাকতে নেই!ও তো সরি বলেছে!"

দোয়েল মুখ ফুলিয়ে বলল,"তুমি একদম ওর সাইড নেবে না আজ ঠাম্মু!আজ থেকে তোর আর আমার আড়ি আড়ি আড়ি,বুঝেছিস শুভ্র?"

শুভ্র মাথা নাড়িয়ে বলল,"না বুঝিনি!তুই বললেই কি আড়ি!আমি আড়ি নেবোই না!!"

"আমি তো দেবো!"

"কিন্তু আমি নেবো না...আমার ভাব..."

নিজের বুড়ো আঙ্গুল দেখিয়ে বলল শুভ্র। অনিমা দেবী অবাক হয়ে দেখে মুচকি মুচকি হাসছেন। এত বড় দুটো ছেলে মেয়ে এখনো আড়ি ভাব করছে। কিন্তু দোয়েল ততক্ষনে বেশ খঁচেছে। মুখ ফুলিয়ে আর একটাও কথা না বলে গটগট করে বেড়িয়ে গেল ঘর থেকে। ওর আচরনে শুভ্র ওর যাওয়ার দিকে তাকিয়ে অনিমা দেবীর দিকে তাকালো। অনিমা দেবী মুচকি হেসে বলল,"রাগাস কেন ওকে?জানিস তো ক্ষেপি একটা!"

শুভ্র একটু হাসলো,"আমি যাচ্ছি কেমন ঠাম্মু সুইটহার্ট!আগে মহারানীর রাগ ভাঙাতে হবে!নয়তো তোমার পাগলী নাতনি কি করে কে জানে..."

মুচকি হাসলেন অনিমা দেবী। শুভ্র বেড়োতে যেতেই অনিমা দেবী পেছন থেকে বললেন,"হ্যাঁ রে,ভালোবাসিস আমার নাতনিটাকে?"

একটু অবাক হয়েই পেছনে ফিরলো শুভ্র। বোঝার চেষ্টা করলো অনিমা দেবীর মনোভাব। কিন্তু ওনার ঠোঁটের কোণে হাসি দেখে সাহস পেল। অনিমা দেবী আবার বলল,"কি রে,বল!"

উত্তর দিল না শুভ্র। মুচকি হেসে মাথা চুলকালো। এতেই যা বোঝার বুঝে

নিলেন অনিমা দেবী।মুচকি হেসে বললেন,"যা এবার,আর রাগিয়ে দেখ আমার নাতনিকে!তোর খরব আছে!"
মুচকি হাসলো শুভ্র।আর দাঁড়ালো না।ছুটে ছাদের দিকে পা বাড়ালো।জানে এখানে পাবে মেয়েটাকে।ওর যাওয়ার দিকে তাকিয়ে মুচকি হাসলেন অনিমা দেবী।ভালোবাসায় যদি রাগ অভিমান না থাকে তবে যে তা বড্ডো বেমানান।তবে এই অভিমানটা প্রিয় মানুষটার ভাঙিয়ে নেওয়াটাই জীবনের সবচেয়ে বড় প্রাপ্তি।কেউ কেউ তা বোঝে,আর কেউ বড্ডো দেরী করে ফেলে।একটা দীর্ঘশ্বাস ফেলল অনিমা দেবী।নিজের মনেই বলল,"সেদিন তোমার কথাটা না বুঝলেও আজ বুঝি উদয় দা!তুমি ঠিকই বলেছিলে!কিছু না পাওয়ার মধ্যেও একটা আলাদা শান্তি থাকে।অপেক্ষা থাকে!আবার ফিরে পাওয়ার অপেক্ষা!আর একদিন এই অপেক্ষা পূরনের জন্যেও অপেক্ষা...."
চোখের থেকে এক ফোটা জল গড়িয়ে পড়লো অনিমার।সব ভালোবাসা কি সত্যিই পূর্নতা পায়?কিছু জিনিস যে অপূর্ন থাকাই ভালো.....

সমাপ্ত

2

স্বপ্নের দৌড়ে

স্বপ্নের দৌড়ে

নীলকন্ঠী

-- "মা? ও মা?"

ডেকে চলেছে টুনু। আর তার মা? কোনো সাড়াই দিচ্ছে না। ঘুমিয়েই আছে দুই ভাঁজ করা ছেঁড়া চাদরের একপাশে। অথচ চিরাচরিত হালকা নাক ডাকার আওয়াজটাও আজ আশ্চর্যজনকভাবে নেই। তাহলে কি মা জেগে আছে?

-- "মা? ওঠো না গো? ও মা?"

আগের দিনে ফুটবল খেলে বাড়ি ফেরায় একটু দেরি হওয়ার জন্য রাগ করেছিলো মা। ঠিক করে কথাও বলেনি কাল। এখনও রাগ করে নেই তো? আবার সারা গায়েও অস্বাভাবিক শীতলতা। এমনটা কেন? ছয় বছরের টুনু বুঝতে পারে না। ডেকেই চলে।

-- "ও মা আমায় ক্ষমা করে দাও না গো? আর কোনোদিনও বেশিক্ষণ খেলবো না। এই দেখো? উঠবোস করছি। দেখো দেখো?"

সামনে এসে উঠবোস করতে থাকলো টুনু। এক, দুই, তিন... আটচল্লিশ, উনপঞ্চাশ, পঞ্চাশ... আটানব্বই, নিরনব্বই, একশো... "এই-এই দেখো মা, একশোটা উঠবোস করলাম। এবার ওঠো না মা?"

নাহ। কোনো সাড়া নেই। অবুঝ ছোটো ছেলেটা হালকা হাঁফ দিতে দিতে শুকনো মুখে নিজেদের প্রায়ই ভেঙে আসা বাড়িটা থেকে বেরিয়ে উঠোনের আধভাঙা সিঁড়িতে এসে বসলো। কিছুক্ষণ পর একটা ডাক এলো।

-- "এই টুনু? কি করছিস রে এখানে?"

ডাকটা দুগ্গা মাসির। মায়ের সাথে কাজে যায় রোজ। আজও বোধহয় সেইজন্য ডাকতে এসেছে। এমনিতে তো রোজ দুগ্গা মাসিকে মা ডাকতে যায়, আজ আসেনি বলে খোঁজ করতে এসেছে নাকি? টুনুর ভাবনায় ছেদ পড়ে।

দুগ্গা মাসি ::: (মাথায় হাত বুলিয়ে) তোর মা কই রে?

টুনু নির্বোধ চোখে তাকিয়ে থেকে বলে, "মা উঠছে না মাসি। কাল একটু খেলে বাড়ি ফিরতে দেরি হলো জানো? তারপর... তারপর থেকে মা আর কথা কইছে না। উঠবোস করলাম একশোটা তারপরেও কথা কইলো না। তুমি একটু বলো না গিয়ে?"

দুগ্গা মাসির মুখ কালো হতে দেখলো টুনু। দুগ্গা মাসি তড়িঘড়ি ঘরে ঢুকে এলো, পিছন পিছন অপরাধীর মতো টুনুও এলো। টুনুর মাকে দুগ্গা মাসি একবার "এই শিল্পা ওঠ..." বলে যেই একবার ছুঁয়ে দেখলো, অমনি এক পা পিছিয়ে এলো তৎক্ষণাৎ। হাত-পা কাঁপছে তার।

টুনু ::: কি হয়েছে গো মাসি? মা ওঠেনা কেন?

দুগ্গা মাসির চোখ ভরে এসেছে জলে। মুখ চেপে ধরে কোনোরকমে টুনুকে বলে, "তুই যা তো। গিয়ে হরেন কাকা, নিতু দাদু, গীতু কাকি সবাইকে ডেকে আন।"

দুগ্গা মাসির গলায় অস্বাভাবিক কাঁপন শুনে কেন জানা নেই, এই ছোটো অবুঝ মনেও একটা ভয় উঁকি দিলো। কথা না বাড়িয়ে টুনু ডেকে দিলো সবাইকে। গীতু মাসি সবার আগে এলো, টুনুর মাকে দেখলো, আর সাথে সাথে টুনুকে নিয়ে ঘরের বাইরে চলে এলো।

বেশ কিছুক্ষণ পর ঘরের ভেতর থেকে দুগ্গা মাসির ডাক শুনে টুনু ভেতরে গিয়ে দেখে, মায়ের সারা শরীর চাদরে ঢাকা, শুধু পা দুটো খুলে রাখা হয়েছে। টুনু ফ্যালফ্যাল করে তাকিয়ে থাকলে দুগ্গা মাসি বলে, "তোর মায়ের ঠান্ডা লাগছে তাই চাদর মুড়ি দিয়ে রেখেছে। তুই তোর মায়ের পা ছুঁয়ে প্রণাম করে নে দেখি তাড়াতাড়ি। তারপর তোর মাকে ডাক্তার দেখাতে নিয়ে যাবো।"

কথা মেনে নিলো টুনু চুপচাপ। তারপর বাইরে টুনুকে নিয়ে তার দুগ্গা মাসি এসে বসলো। কাঁধে তুলে টুনুর মাকে অন্তিম যাত্রায় নিয়ে যাওয়ার সময়ে টুনুর পিছন থেকে ডেকে ওঠা সরল প্রশ্ন "মাকে ওভাবে তোমরা কেন নিয়ে যাচ্ছো?" সবার চোখে জল এনে দিয়েছিলো। দুগ্গা মাসি টুনুকে বুকে টেনে নিয়ে চোখের জল ফেলেছে সেইদিন।

সেইদিনের টুনু আজ তেরোবছর বয়সী কিশোর। দিনের বেলায় মায়ের ইচ্ছেমতো পড়াশোনা করে, আর রাতের বেলায় দুগ্গা মাসির হাতে-হাতে সাহায্য করে। দুগ্গা মাসির সাথে এক বাড়িতেই থাকে। এখন টুনু আর আগের মতো দুগ্গা মাসিকে প্রশ্ন করেনা, "হ্যাঁ গো মাসি, মা কবে আসবে গো? কতদিন লাগবে সেরে উঠতে?"... মাসির নিরুত্তর থাকার সব অর্থ খুব ভালোমতোই বোঝে এখন ছেলেটা।

এখন টুনুর মায়ের সকল কষ্ট আর অক্লান্ত পরিশ্রম করে চরম দুঃসময় বেয়ে ছেলেকে বাঁচানোর অদম্য জেদের গল্পও জেনেছে সে। ভিনধর্মের ছেলের সাথে প্রেম এবং শারীরিক অন্তরঙ্গতা এবং তারপরে একদিন ছেলেটির বাইরে কাজ করতে যাওয়ার নামে নিরুদ্দেশ হয়ে যাওয়া... বেশ কিছুটা সময় পেরোনোর পর এটা বুঝতে পারা যে শরীরে এক নতুন প্রাণ সঞ্চারিত হয়েছে এবং ধীরে ধীরে বেড়ে উঠছে... সময় এগোলে ব্যাপারটা জানাজানি হতেই আগের বসতি এলাকায় কুৎসা, নোংরামি, কুপ্রস্তাব থেকে বাঁচতে পালিয়ে অনেকদূর এসে সম্পূর্ণ নতুন জায়গায় একা সব প্রতিকূলতা সামাল দিয়ে ছোট্টো প্রাণকে পৃথিবীর আলো দেখানো এবং যতটা সম্ভব, প্রয়োজনীয়তা, আবদার মিটিয়ে টুনুকে ছয়টা বছর মানুষ করা -- এসবই জানে এখন টুনু। টুনুর বুকে এখন একরাশ জেদ, নিজের ফুটবলকে ঘিরে অনেকটা স্বপ্ন... একদিন বড়ো ফুটবলার হয়ে উঠবে আর সেইদিন সবার সামনে নিজের মায়ের নাম বলবে আর তার অদম্য লড়াইয়ের কথা শোনাবে -- এই স্বপ্নে বুক বাঁধে টুনু।

শুধু টুনু নয়, এখন টুনুকে ঘিরে স্বপ্নে বিভোর আরো দুজন -- দুগ্গা মাসি, আর টুনুর স্কুলের শারীরশিক্ষার শিক্ষক আব্দুল স্যার। ফুটবলের মাঠে নেমে টুনুর পায়ে বল আসা থেকে তেকাঠি পর্যন্ত সফর, সবটা মুগ্ধ হয়ে দেখেন অনেক সহপাঠীদের পাশাপাশি আব্দুল স্যারও। মাঝমাঠ থেকে এক, দুই, তিন, চার, পাঁচ, ছয়, সাতজনকে নিখুঁতভাবে কাটিয়ে যখন উঠতে থাকে টুনু, দুই পা যখন জাদু ছড়িয়ে দিতে থাকে খেলার মাঠে তার প্রতিটা পায়ের ছাপে, তখন যেকোনো শান্ত সহপাঠীও গলা ছেড়ে টুনুকে উৎসাহ দিতে নেমে পড়ে।

টুনুকে এমনই খেলার পিরিয়ডের শেষে একদিন আব্দুল স্যার ডাকলেন । টুনু দৌড়ে গিয়ে স্যারের কাছে গিয়ে দেখে, আব্দুল স্যার একা নন, আরো একজন স্বল্প পাকা চুলের অধিকারী একজন ভদ্রলোক দাঁড়িয়ে আছেন। দুজনে কি যেন বলাবলি করছিলেন, টুনুর "স্যার, ডেকেছিলেন?" ডাকে চুপ করে গেলেন দুজনেই। টুনু আসতেই আব্দুল স্যার ওই লোকটিকে বললেন, "এই যে

টুনু, স্যার। একবার ওর খেলা দেখুন না? ওর কথাই বলছিলাম আপনাকে।"

লোকটি রাজি হলে টুনুর পায়ের সামনে বল রাখা হলো। বল পায়ে টুনুর অসামান্য কাজ দেখে মোহগ্রস্ত করে তুললো সেই লোকটিকেও। মিনিট দশেক দেখে লোকটি এবার টুনুকে ডাকলেন। টুনু ফুটবলটা নিয়ে দুই পায়ে নাচাতে নাচাতে লোকটির সামনে এসে দাঁড়িয়ে ফুটবলটা হাতে তুলে নিয়ে দাঁড়ায়। লোকটি আপাদমস্তক দেখে নিয়ে আব্দুল স্যারকে বললেন, "আচ্ছা, আপনি ফরম্যাট রেডি রাখুন। ওকে পরের সপ্তাহে নিয়ে যাবো।"

আব্দুল স্যারের মুখে ভরাট এক হাসি খেলে যায়, যেন তার কোনো উদ্দেশ্য সার্থক। টুনু তো বুঝতে পারে না কিছুই। তবে লোকটি একটু সময় পরে বড়ো একটা গাড়ি করে চলে গেলে আব্দুল স্যার যখন টুনুর মাথায় হাত বুলিয়ে বলেন, "এবার তোকে নিয়ে আমার স্বপ্ন খুব তাড়াতাড়ি সফল হবে দেখিস !", তখন টুনুর মনেও একটা স্বস্তির বাতাস বয়ে যায়।

ঠিক দিনসাতেক পরে টুনু যখন ইতিহাস ক্লাস করছে, তখন ক্লাসঘরে হঠাৎ আব্দুল স্যার ঢুকে এলেন এবং ইতিহাসের শিক্ষক বিকাশ স্যারকে অনুরোধ করে টুনুকে নিয়ে গেলেন নিজের সাথে। স্কুলের বাইরে সেই আগের সপ্তাহে দেখা গাড়িটা। গাড়িতে থাকা লোকটা নিজেই দরজা খুলে দিলে টুনু আর তার আব্দুল স্যার ঢুকে বসেন।

জেলার বড়ো এক ফুটবল ক্লাবের যুব দলের সাথে ভিড়িয়ে দিলেন টুনুকে। আরো বাইশজন যুবদলের সদস্যদের সাথে একদিন অনুশীলন করানোর জন্য। দলের নির্বাচকমণ্ডলীর দুইজনও ছিলেন সেখানে। ঘন্টাদুয়েকের অনুশীলন করানোর পর একটু বিশ্রামের সময়ে টুনুর কাছে আব্দুল স্যার এসে বললেন, "তোকে রোজ সকাল পাঁচটার মধ্যে এখানে আসতে হবে। আর তিনঘন্টার প্র্যাকটিস করে তারপর স্কুলে যেতে হবে। পারবি?"

স্বপ্নপূরণের রাস্তাটা পরিষ্কার দেখা যাচ্ছিলো যেন। সেদিনের শেষের একঘন্টার অনুশীলনে নিজেকে আরেকটু নিংড়ে নিয়ে তারপর বাসে করে বাড়ি ফেরার সময়ে ঝিমোতে ঝিমোতে স্বপ্নের দেশে আবার রোমন্থন করে নিলো টুনু।

এরপরের দিন থেকে অনুশীলনের মাঠে সেই যুবদলের সদস্যদের সাথে অনুশীলন টুনুর রুটিনমাফিক চলতে লাগলো। প্রতিদিনই মাঝরাতে টুনুর বাড়ি থেকে বেরিয়ে পড়ে, অনেকদূর পায়ে হেঁটে তারপর ভোর চারটে দশের বাসটা ধরে মাঠে পৌঁছানো এবং তিনঘন্টার প্র্যাকটিস সাড়ে নয়টার মধ্যে স্কুলে ঢোকার জন্য তাড়াহুড়ো করা -- এভাবেই কেটে গেলো প্রায় বছর

দুয়েক। স্কুলের মাঠে এরপর যখন খেলতে নামতো টুনু, মনে হতো যেন জাদুদন্ড ছোঁয়ানো হয়েছে সেই ফুটবলে, এবং এমন কোনো জাদু করা হয়েছে তাতে যেন সেই ফুটবল টুনুর দুই পায়ের সূক্ষ্মাতিসূক্ষ্ম ইশারায়ও নেচে ওঠে। এমনকি স্কুলের হেডমাস্টার বিনয় সান্যাল স্যারও আন্তঃস্কুল ফুটবল প্রতিযোগিতায় নিজের স্কুলকে জয়ী করিয়ে আসা টুনুকে একটা মেডেল এবং বেশ কিছু টাকা উপহার দিয়ে পিঠ চাপড়ে বলেছিলেন, "এই ছেলে, চিন্তা করবেনা, ফুটবল বানাবে তোমার ভবিষ্যৎ।"

এরই মধ্যে সেই যুবদলে নির্বাচন হয়ে গেলো টুনুর। অন্য যুবদলের সাথে প্রতিযোগিতা, লীগের খেলায় টুনু ক্রমশঃ নিয়মিত খেলতে থাকলো এবং সাফল্য অর্জন করতে থাকলো। যুবদলের প্রতিযোগিতায় অন্যতম সবচেয়ে সফল এবং সম্ভাবনাময় ফুটবলার হিসেবে টুনুর আত্মপ্রকাশ টুনুকে আরো অনেকদূর নিয়ে যাবে, সেই বিষয়ে অনেকেই একবাক্যে স্বীকার করতো। আর টুনু? টুনুর সবচেয়ে বড়ো স্বপ্ন, ভারতের ফুটবল দলের জার্সি গায়ে চাপানোর স্বপ্ন সফল করার জন্য প্রতি খেলায়, প্রতিটা মিনিটে মাঠে নিজেকে আরো, আরো নিংড়ে নিতে থাকলো।

আরো কাটলো বছর দেড়েক। তারপরে অবশেষে ডাক এলো। সর্বভারতীয় ফুটবল অ্যাসোসিয়েশন থেকে নতুন ফুটবলারের খোঁজ করার কমিটি গঠন করা হলো দেশের বিভিন্ন প্রান্ত থেকে প্রতিভার সন্ধান করার জন্য এবং তাদের সুযোগ দেওয়ার জন্য। তারাই খোঁজ করে জেনেছে টুনুর কথা। ডাক দিয়েছে মুম্বাইয়ে এসে দলের বাকিদের সাথে যোগ দেওয়ার জন্য।

টুনু তখন দুগ্গা মাসির জ্বর হয়েছে বলে স্কুল থেকে ছুটি নিয়ে বাড়িতে কাজ করছে আর তার দুগ্গা মাসিকে সামলাচ্ছে। এমন সময়ে দরজায় লোহার কড়াটা ঘনঘন ঠক্ ঠক্ করে ওঠায় টুনু দরজা খুলতে গিয়ে দেখে, তার আব্দুল স্যার দাঁড়িয়ে। টুনুর দিকে এগিয়ে এলো একটা খাম। খাম খুলে চিঠিটা পড়তে থাকলো টুনু। হাতে ধরা চিঠিটা কেঁপে কেঁপে উঠছে। চারদিনের মধ্যে যোগ দেওয়ার জন্য বলা হয়েছে।

চিঠিটা খামে ঢুকিয়ে খামটা বুকে জড়িয়ে ধরে নিজের মনেই বলে উঠলো টুনু, "মা, তুমি আমায় বড়ো মানুষ হতে দেখতে চেয়েছিলে না? আমি চললাম মা, বড়ো মানুষ হতে..." চোখ দুটো বেয়ে বারিধারা অঝোরে নামতে থাকে তার। আব্দুল স্যার টুনুকে টেনে নেন নিজের বুকে। মাথায় হাত বুলিয়ে বলেন, "অনেক বড়ো হবি টুনু !অনেক বড়ো হবি... আল্লাহ !!! ওকে অনেক

বড়ো মানুষ কোরো..." চোখ ভিজে আসে আব্দুল স্যারেরও।

শিক্ষক-ছাত্রের আলিঙ্গনপর্বের শেষে টুনু তার দুগ্গা মাসিকে অদূরেই দাঁড়িয়ে থাকতে দেখে চিন্তিত হয়ে বলে ওঠে, "মাসি! বিছানা ছেড়ে উঠলে কেন? তোমায় না বারণ করেছি আমি?"

দুগ্গা মাসিরও চোখে জল। টুনুর কাঁধ চাপড়ে বলেন, "তোকে ঘিরে স্বপ্নগুলো এবারে বাস্তব হচ্ছে টুনু। আর আমি বিছানায় শুয়ে থাকবো?" অশ্রুধারা ঝরে পড়ার পাশাপাশি দুগ্গা মাসির ঠোঁটের কোণায় খেলে যায় অম্লান এক হাসি।

জ্বর গায়ে টুনুর শতবারের বারণ উপেক্ষা করে ভালো করে টুনুকে খাইয়ে, ব্যাগ গুছিয়ে দিয়ে আব্দুল স্যারের সাথে টুনুকে রওনা করে দিলো তার দুগ্গা মাসি। হাওড়া থেকে ট্রেন। স্টেশনে পৌঁছে আব্দুল স্যার বললো, "চল টুনু, টিকিট কেটে নিই। ট্রেন ছেড়ে দিতে বেশি দেরি নেই।" টিকিট কেটে নিয়ে ঘোষিত ট্রেনগুলির বোর্ডে তাকাতেই জ্বলজ্বল করে উঠলো মুম্বাইগামী জ্ঞানেশ্বরী সুপার ডিলাক্স এক্সপ্রেসের নাম। ট্রেন ছাড়তে মিনিট দশেক বাকি।

প্ল্যাটফর্ম খুঁজে ট্রেনে উঠে ব্যাগটা সঠিক জায়গায় রেখে বসে পড়ে টুনু আর তার আব্দুল স্যার। টুনুর মন তখন স্বপ্নপূরণের দোরগোড়ায় দাঁড়িয়ে তার মাকে স্মরণ করছে, আর আব্দুল স্যার মুম্বাইয়ে নেমে কিভাবে ট্রেনিংয়ের মাঠে যাবে, কোথায় থাকবে সেসব নিয়ে খোঁজ খবর করতে ব্যস্ত।

খোঁজখবর শেষ করে এবার একটু ঝিমুনি পাচ্ছে আব্দুল স্যারের। স্যারকে একটু ঘুমোতে বলে টুনুও একটু ঘুমিয়ে নিতে মনস্থির করলো। একটু বিশ্রাম দরকার। ওখানে গিয়ে আবার মাঠে নিজের সেরাটা প্রমাণ করতে হবে। নিজের জাত চেনাতে হবে।

কিন্তু, তখন কয়টা বাজে খেয়াল নেই, হঠাৎ একটা বিকট শব্দ, আর সবকিছু তোলপাড় করার মতো গগনভেদী আর্তনাদ। দুনিয়া ওলটপালট হয়ে যাওয়ার মতো, সবকিছু কেমন প্রচন্ড আঘাতে এদিক ওদিক হয়ে যাচ্ছে। ঘুমন্ত টুনুর ঘুম ভাঙতেই পিঠে প্রচন্ড আঘাত। আঘাত পেয়ে মাটিতে একরকম আছড়ে পড়ার সাথেসাথেই দুই পায়ের ওপরে অত্যন্ত ভারী কিছু পড়ে গেলো হঠাৎ -- প্রাণ বেরিয়ে যাওয়ার জোগাড় প্রায়, প্রাণপণে একবার চিৎকার করতে চেষ্টা করলো টুনু। হঠাৎ মাথায় কিছু একটা সজোরে আঘাত করলে আর জ্ঞান থাকলো না -- অচেতন হয়ে পড়ে রইলো সে। বাইরের দুনিয়ায় তখনো যে কি তছনছ হয়ে যাচ্ছে, তার খবর আর নিতে পারলো না টুনু। তার স্যার? তাকেও একবার সজোরে আছাড় খেতে দেখার পর আর

তো দেখা গেলো না। তিনিই বা কোথায়? কে জানে !

চেতনা তখনও সেভাবে ফেরেনি, টুনুর কানে ভেসে উঠলো আবছা কিছু মানুষের ব্যস্ত-সমস্ত ডাক, "আরে, এ যে বেঁচে আছে... ওকে নিয়ে..."।

এবার জ্ঞান যখন ফিরলো অবশেষে, টুনু তখন অজ্ঞাত কোনো এক স্থানে। ঘাড় ঘোরাতেই দেখে চারপাশে অনেকগুলো খাট, অনেক লোক শুয়ে আছে। ভালো করে দেখতে চোখে পড়ে, সবাই আহত। কারোর চোখের ওপরে পট্টি করা, কারোর একটা হাত বাদ পড়েছে, আরো অনেক কিছু। এমন সময়ে মাথায় একটা ঠান্ডা হাতের কোমল পরশ। দুগ্গা মাসি !

দুগ্গা মাসি ::: (সজল নয়নে চেয়ে) কেমন আছিস টুনু?

ডানহাতে দুগ্গা মাসির হাত চেপে ধরে টুনু। কথা বলতে একটু অসুবিধাই হচ্ছে অবশ্য। শ্বাস নিতে একটু সমস্যা হচ্ছে। তবুও টুনুর মুখ থেকে প্রথম কথাটা বেরোয়, "স্যার? আ-আব্দুল স্যার? কোথ-আয়?"

শাড়ির আঁচলটা মুখে চেপে ধরে টুনুর বিছানা থেকে সরে আসে দুগ্গা মাসি। কিভাবে বলবে, তার স্যার আর নেই? টুনুর স্বপ্নের উড়ানের আরো একটা ডানা ছেঁটে গিয়েছে না জানি ঈশ্বরের কোন রোষানলে পড়ে !!! শুধু কি তাই? টুনুর এমন অবস্থা... এইটাও কি টুনুর প্রাপ্য ছিলো?

টুনু বুঝতে পারে অবশ্য। স্যারের কথা জিজ্ঞাসা করায় দুগ্গা মাসির অমন করে সরে যাওয়া আর দূরে স্কুলের কয়েকজন শিক্ষক আর হেডমাস্টারের মুখ শুকনো করে দাঁড়িয়ে থাকা দেখে বুঝতে আর বাকি থাকে? টুনু উঠে বসতে চেষ্টা করছে। দুই হাতের সর্বশক্তি দিয়ে চেষ্টা করছে উঠে বসতে। কিন্তু পারছেনা। অসহ্য একটা যন্ত্রণা শিরদাঁড়া বেয়ে নেমে যাচ্ছে। পায়েও কোনো জোর নেই, কোনো সাড় নেই। কি হয়েছে এমন, যে কোথাও কোনো সাড় নেই?

দুই হাত দিয়ে পায়ের কাছে ধরে অনুভব করতে চেষ্টা করলো টুনু। কি হয়েছে বুঝতে পেরে আর কিচ্ছু বললো না টুনু, শুধু চুপচাপ শুয়ে পড়ে মাসিকে ডাকলো। মাসি কাছে এলে টুনু প্রশ্ন করলো ঘোলা চোখে চেয়ে, "আচ্ছা মাসি, স্বপ্ন দেখা কি দোষ? স্বপ্নের জন্য দৌড়োনো কি পাপ? এই দুটো পা পর্যন্ত ভগবান নিয়ে নিলো কোমরের একটু নীচে থেকেই?" দুগ্গা মাসি আর পারলো না, হাউহাউ করে কেঁদে ফেললো। শিক্ষকবৃন্দের দীর্ঘশ্বাস বেরিয়ে এলো শুধু। আর টুনু চোখ বুজে নিজের মায়ের কথা ভাবতে লাগলো।

তবে স্বপ্ন দেখা ছাড়েনি টুনু। হোক না তার শিরদাঁড়া অকেজো, হোক না তার দুই পা কেটে বাদ দেওয়া। স্বপ্ন যেখানে শেষ, সেখান থেকে হাল

ছাড়ার পরিবর্তে সেই স্বপ্নকেই নতুনভাবে বাঁচতে শুরু করে টুনু। এগিয়ে আসে সেই ক্লাবের যুবদলের সভাপতি, স্কুলের সকল শিক্ষক, এগিয়ে আসে পাড়ার সকলে। হুইলচেয়ার থেকে তুলে টুনুর আর্টিফিশিয়াল পা লাগানোর প্রচেষ্টা চলতে লাগলো। শিরদাঁড়ার অপারেশন করানো হলো।

আঠাশবছর বয়সী সেই টুনু এখন অনেকটা সুস্থ। আর্টিফিশিয়াল পায়ের মদতে আগের মতোই হাঁটতে, চলতে পারে। ফুটবল খেলছে সে। ট্রেনিংয়ে বাকিদেরকে দেখছে, নিজেও ধীরে ধীরে শিখছে, আবার পায়ের কাজ ফিরিয়ে আনার চেষ্টা করছে। আগের মতো হয়তো আর হওয়ার নয়, কিন্তু যে স্বপ্ন বেঁচে আছে তার বুকের মাঝখানে, সে আবার ফিরে আসবে, জাতীয় দলের জার্সি পরবে, দেশের হয়ে খেলবে, জয় এনে দেবে দেশকে... একদিন হবেই। স্বপ্নের যে দৌড় সে দৌড়েছে মায়ের গর্ভে থাকাকালীন, সেই দৌড় তার অভীষ্টে পৌঁছানো পর্যন্ত কি কখনো থামে? নাহ। কখনোই না।

3

সাইফু ভ্রমণ

সাইফু ভ্রমণ
সাম্যজিৎ ধাড়া

বছরের শেষ। সমস্ত মানুষেরই কেবলমাত্র তাগিদ থাকে আনন্দের মাধ্যমে বছরটাকে ইতি জানানো। তাই আমার বন্ধুরা স্থির করে নতুন কোনো এক স্থানে ভ্রমনে যাবে ও আনন্দে প্রাকৃতিক সৌন্দর্য উপভোগ করবে।
আমরা মোট চারজন। অনিল,সোনালী, রিমি আর আমি শ্রীকান্ত। আমার তিন বন্ধুই এই বিষয়ে খুবই উৎসাহী ছিল। কিন্তু আমি ছিলাম একেবারে বিপরীত,বেরঙীন। কারণ আমি মনে করি,নতুন এক স্থানে যাওয়ার পর নতুন পরিবেশ,নতুন মানুষজন,তাদের সাথে মিশে ওঠা এইসব বেশ কষ্টদায়ক আর পরিশ্রমের ব্যাপার। আমি রাজি না থাকলেও আমার তিন বন্ধু আমাকে জোর করে রাজি করালো তাদের সঙ্গে যাওয়ার জন্য এবং শেষপর্যন্ত আমার রাজি হয়ে যাওয়ায় ওরা তিনজনই খুব খুশি হল।
"তুই থাকলে অভিনব রহস্য সৃষ্টি হয় আর তোর জন্য অভূতপূর্বভাবে তার সমাধানও হয়ে যায়। আসলে যেখানে তুই সেখানেই রহস্য!" বলে তিনজনেই হেসে উঠলো।
এর একসপ্তাহ পরে আমরা বেরিয়ে পড়লাম। এক দীর্ঘ পথ পাড়ি দেওয়ার পর আমরা এমন একটা জায়গায় এসে পৌঁছালাম যেটাকে পুরোপুরি গ্রামই বলা চলে,তবে এখানে সবে অল্প অল্প শহুরে আধুনিকতার ছোঁয়া লাগতে

শুরু করেছে।সেইখান থেকে তিনটে গ্রাম পেরিয়ে পরে একটা জঙ্গল, 'সোফান',আর তার পাশেই একটা গ্রাম 'সাইফু'।আমাদের বন্ধু রিমির মাসির বাড়ি হল এই গ্রামে।দুঘন্টার বাস সফর আর এক ঘন্টার পর্বত আরোহনের পর শেষ পর্যন্ত আমরা গন্তব্যে পৌঁছাই।আমরা রিমির মাসির বাড়িতেই উঠি।রিমি তার মাসি আর মেসোর সাথে আমাদের পরিচয় করিয়ে দেয় এবং তাদের দুই যমজ মেয়ে, কায়ো আর মিয়োর সাথেও আলাপ হয় আমাদের। সাইফু গ্রামটির বিশেষত্ব হলো এখনে উষ্ণপ্রস্রবণ আছে।তবে আমি আরও বেশি অবাক হলাম রিমির মাসিদের বাড়ি দেখে।যদিও বাড়ি না বলে প্রাসাদ বলাই ভালো,তাও আবার দুটো!এর একটিতে রিমির মাসিরা গোটা পরিবার থাকেন।সেইখানেই আমাদের থাকার ব্যবস্থা করা হলো।কিন্তু,অন্য প্রাসাদটা বন্ধ অবস্থায় রয়েছে কেন?দেখে তো ওই প্রাসাদে কেউ থাকে না বলেই মনে হল!

কিছুক্ষন পর আমাদের সকলকে খেতে ডাকা হল।খাবার টেবিলে বসে আমি একটু অবাক হলাম এটা দেখে যে কায়ো আর মিয়োর খাবার থালা,বাটি, গ্লাসে নিজের নিজের নাম লেখা।যদিও আমি সেই বিষয়ে কিছু জিজ্ঞাসা করলাম না কাউকে। কি জানি যদি কেও কিছু মনে করে!

খাওয়ার পর আমি একাই উষ্ণপ্রস্রবণ দেখতে গেলাম।কিছুক্ষন পর মাথাটা হঠাৎ চক্কর দিয়ে উঠলো।আমার শরীর ওভার হিটেড হয়ে যাওয়ার কারণে আমি ওখানেই অজ্ঞান হয়ে পড়ে গেলাম।

জ্ঞান ফেরার পর দেখলাম আমি ঘরে শুয়ে আছি। আমার বন্ধুদের থেকে জানতে পারলাম ওরা আমাকে না পেয়ে

উষ্ণপ্রস্রবনের দিকেই গেছিলো।আমাকে সেইখানে অজ্ঞান হয়ে পড়ে থাকতে দেখে ওরাই আমাকে ধরে তুলে নিয়ে এসেছে।আমার একা একাই ঐখানে চলে যাওয়ার জন্য অনিল আমাকে বেশ রাগ দেখালো।

আমার শারীরিক সক্ষমতা তখনও স্বাভাবিক না হওয়ায় আমি বিশ্রাম নিতে আবারও শুয়ে পড়লাম।অন্যদিকে আমার বন্ধুরা সবাই মিলে ততক্ষণে দ্বিতীয় প্রাসাদের ভৌতিক গল্পে মেতে উঠেছে কায়োকে নিয়ে।আর আমি আস্তে আস্তে তলিয়ে যেতে লাগলাম গভীর ঘুমে।

বেশ কয়েক ঘন্টা পর আমার ঘুম ভাঙলো।আমি বিছানা থেকে নেমে জানালার কাছে এসে দাঁড়ালাম।বাইরে তখন দিনের আলো ফুরিয়ে এসে আস্তে আস্তে সন্ধ্যা নামছে।আকাশে মুখ ভার করে থাকা বড়ো বড়ো মেঘের টুকরো চোখে পড়লো।যেন এক্ষুনি বৃষ্টি ঝড়াবে তারা!আর হলোও তাই!কিছুক্ষনের

মধ্যেই বড়ো বড়ো এক-দুই ফোঁটা করে পড়তে পড়তে বেশ জোরেই ঝমঝম করে শুরু হলো বৃষ্টিটা ।আমি জানালায় দাঁড়িয়ে বৃষ্টি পড়া দেখতে লাগলাম।এইখান থেকে দ্বিতীয় প্রাসাদের কিছুটা অংশ দেখা যাচ্ছে।সেইখানেও বৃষ্টি ধুয়ে দিচ্ছে সব কিছুকে।বৃষ্টির ঝমঝম শব্দে কেমন ঘোর মতো লাগতে শুরু করলো।

হঠাৎ করেই চোখে পড়লো একটা ছোটো মেয়ে সুন্দর লাল শাড়ি পরে পুরোনো প্রাসাদটার চাতালের একদিক থেকে ছুটে কোথায় চলে গেল।আমি হতচকিত হয়ে গেলাম ।এইসময় একটা ছোট মেয়ে ওই বন্ধ পুরোনো প্রাসাদে,তাও আবার একা!কেন?

আমার মাথাটা আবার ঝিমঝিম করে উঠলো।ওইসব কিছু নিয়ে আর না ভেবে আমি গিয়ে আবার শুয়ে পড়লাম।

পরদিন সকালে ঘুম থেকে উঠে শরীরটা বেশ ভালো লাগলো।আমরা একসাথে প্রাতঃরাশ করতে বসলাম।টেবিলে বসে দেখি রিমি মুখ শুকনো করে বসে আছে।যেন জীবন্ত ডাইনোসরই দেখে ফেলেছে!

খাওয়া শেষ হওয়ার পর আমি ওকে কি ব্যাপার জিজ্ঞাসা করলাম।রিমি যা বললো তাতে আমি আর এক দফা অবাক হয়ে গেলাম।রিমি বললো যে ও নাকি গতকাল রাতে বন্ধ পুরোনো প্রাসাদে সত্যিই ভূত দেখেছে!

আমি ওকে বোঝানোর চেষ্টা করি যে ও নিশ্চয়ই ঘুমের ঘোরে ওই প্রাসাদ নিয়ে শোনা ভূতের গল্পটাকে কল্পনা করেছে।কিন্তু ও সেটা মানতে নারাজ।ও ঠিকই দেখেছে আর ও সেই সময় মোটেও ঘুমের ঘোরে ছিল না।তখন সোনালীও একই কথা বললো যে সেও নাকি একই জিনিস দেখেছে যে ওই প্রাসাদে একটা কেউ লাল শাড়ি পড়ে চলাফেরা করছিল!পরে সেই শাড়িটাই তারা আবার ঐখানে ঝুলে থাকতে দেখেছে।যেখানে কেউ যায় না সেইখানে শাড়ি কোথা থেকে এলো?সেইসময় মিয়ো একটু রেগে গিয়েই কায়ো বলে উঠলো,"তুই কেন ওদের পুরোনো বাড়ির ভুতুড়ে গল্পটা বলেছিস?" সেই নিয়ে দুইবোনে তর্কযুদ্ধ বাঁধতে যাবে ঠিক সেইসময় অনিল কোথা থেকে হঠাৎ করে উদয় হয়ে আমাকে এসে বললো, "দেখলি তো আমি বলি না যে, যেইখানে তুই সেইখানেই রহস্য!এবার তোকেই এই সমাধান করতে হবে।"

তখন আমি বুঝলাম,আমার ভাবনাই ঠিক ছিল নতুন জায়গায় যাওয়া মানেই পরিশ্রম!

কিন্তু কি আর করার?

তবে রহস্য পরে সমাধান হবে।আমি আগে এই প্রসাদটাই ভালো করে ঘুরে

দেখতে লাগলাম । আগের দিনতো দেখাই হয়নি ভালো করে।
প্রাসাদটা যেমন বড়ো তেমনই সুন্দর। এককথায় অসাধারণ!তবে একটা জিনিস আমাকে আবারও অবাক করে দিলো। খাবার টেবিলের থালা, বাটির মতো নিজের প্রতিটা জিনিসে কায়ো আর মিয়োর নিজের নিজের নাম লেখা!

বিকালবেলায় রিমির মেসো আমাদের চারজনকে ডেকে আমাদের একটু অন্য রকমের কিছু পোশাক দিলেন। আমরা তাঁর থেকেই জানলাম যে কালকে এই গ্রামে একটা মেলা আছে। মেলাটা বেশ পুরোনো। অনেক বছর ধরেই চলে আসছে। প্রতিবছরই হয় এইসময়। এই মেলাতে এমন পোশাকই পরে আর সবাই মিলে রং বেরঙের আতসবাজি ফাটায়। এটাই রীতি এই গ্রামের।
আমরা কথা বলছি ঠিক সেইসময় কায়ো একটা সুন্দর লাল শাড়ি পরে আমাদের সামনে এসে জানতে চাইলো যে তাকে কেমন লাগছে। তখন মিয়োও এলো একটা হলুদ শাড়ি পরে। তাদের দুজনকে দেখে আমার মনে কি নিয়ে যেন একটা খটকা লাগলো। কিন্তু ঠিক বুঝতে পারলাম না।

তারপর অনিল আমাকে নিয়ে
উষ্ণপ্রস্রবন দেখতে গেল। কাল সে ভালো করে দেখতেই পারেনি এইখানটা। আমি অবশ্য একটু দূরেই দাঁড়ালাম। ফিরে আসার সময় কি একটা ভেবে আমি অনিলকে জিজ্ঞাসা করলাম গতকাল রাতে তারা কে কে বসে আড্ডা দিচ্ছিলো? অনিল বললো যে, সে,রিমি,সোনালী আর কায়ো।
আমার মনের খটকা এবার দূর হলো। সমস্ত ভূতের কুয়াশা কেটে গেল।
পরদিন সকালে আমি আমার বন্ধুদের আসল ঘটনাটা বললাম। যে ওইসব ভূত-টুট কিচ্ছু নয়। ওটা ছিল একটা শাড়ি যেটা শুকনো করার জন্য ওই পুরোনো প্রাসাদে ঝুলছিল। আর শাড়িটা ছিল কায়োর যেটা মিয়ো নিয়ে পড়েছিল। আর কারোর চোখে যাতে না পড়ে সেইজন্য সে বাড়ির ভিতর ছিল না। বাড়ির বাইরে বা বাড়ির পিছনের দিকে ছিল। প্রাসাদ তা ঘুরে দেখার সময়ই আমি খেয়াল করেছিলাম এই প্রাসাদের পিছনের দিক দিয়ে ওই পুরোনো প্রাসাদে যাওয়া যায়। হঠাৎ বৃষ্টি আরম্ভ হওয়ায় কারণে মিয়োর পড়নের শাড়িটা ভিজে গিয়েছিল। কেউ যাতে না জানতে পারে তার জন্য মিয়োই শাড়িটা ঐখানে শুকনো করতে দিয়েছিল। পরে বৃষ্টি থামার পর কোনো এক সময় শাড়িটা শুকিয়ে গেলে মিয়ো সেটা যথাস্থানে রেখে দেয়। তাই জন্যই কাল রাতে মিয়ো তোদের সাথে আড্ডায় যোগ দিতে পারেনি। আর কায়ো যে তোদের ভূতের গল্প বলেছে পুরোনো প্রাসাদ নিয়ে আর তোরা আবার ভূতও দেখেছিস শুনে মিয়ো অবাক হয়ে গিয়েছিল। আর

ধরা পড়ার ভয়ে রেগে গিয়েছিল কায়োর উপর। বেচারি দিদির শাড়ি পছন্দ হওয়ায় সেটা একবার পড়ে দেখতে গিয়ে তাকে যে এমন বিপাকে পড়তে হবে সেটা মিয়ো নিশ্চয়ই ভাবেনি।

এটা আমি তখনই বুঝতে পারি যখন এই প্রাসাদে ঘুরতে ঘুরতে কায়ো-মিয়ো দুজনের নিজস্ব ব্যবহারের জিনিসে তাদের নাম লিখে রাখা দেখেছিলাম। আমার থেকে সমস্ত ঘটনার সুন্দর ভাবে এবং প্রায় যৌক্তিক একটা বর্ণনা শুনে ওরা বুঝতে পারলো ব্যাপারটা। অন্যদিকে আবার সোনালী আর রিমির সাহসও বহুগুণ বেড়ে গেল। আর আমিও আমার এই অলেখ্য কর্তব্য থেকে মুক্তি পেয়ে সাইফুর সৌন্দর্য্য ভ্রমণ উপভোগ করতে লাগলাম।

4

রক্তক্ষরণ

রক্তক্ষরণ

অনুশ্রী ব্যানার্জী

''আর কতক্ষনে পৌঁছাইবেন ভায়া আপনে? কতক্ষন ধইরা বইয়া আছি, আমাগো আরও কাম আছে।''

ফোন রিসিভ হতেই বিরক্ত হয়ে জহির মিঁয়া কথাগুলি বললেন।

ফোনের অপর প্রান্ত থেকে শুধু গোটা তিনেক শব্দ ভেসে এলো-''এসে পড়েছি প্রায়।''

''জলদি আহেন!'' বলতেই অপর পাশ থেকে কল কেটে গেল।

বিরক্তিতে মুখ বিষিয়ে উঠেছে জহির মিয়াঁর।

জহির মিঁয়া একজন পেশাদার প্লাম্বার। সহজ কথায় জলের পাইপ নিয়ে যার কারবার। সেই সূত্রেই এক কাজে তার ডাক পড়েছে, তবে যিনি ডেকেছেন তাঁরই পাত্তা নেই। তিনি এক তিনতলা বিল্ডিংয়ের পাশে একটা চায়ের দোকানে বসে অপেক্ষা করছেন ঘন্টাখানেক হতে চললো প্রায়।

সামনে একটা বাইক এসে দাঁড়াতেই তার ভাবনায় ছেদ পড়ে। কালো হুডি আর মাস্ক পড়া লোকটি বাইক থেকে নেমে তাকে বলে-''চলুন।''

জহির মিয়াঁর মেজাজ আরও খারাপ হয়, তবে তা প্রকাশ করেন না। বিরক্ত মুখে বাইক চালক কে অনুসরণ করেন।

.

বর্তমানে তাঁরা সেই তিনতলা বিল্ডিংয়ের টপ ফ্লোরে দাঁড়িয়ে। লিফ্ট থেকে

নেমে হুডি পড়া ব্যক্তি কিছু না বলেই হাঁটতে শুরু করেন। তার পেছন পেছন আসতে থাকেন জহির মিঁয়া। হঠাৎ করেই কারোর সাথে ধাক্কা খাওয়ায় তার কপালে ভাঁজ পড়ে। সামনে তাকিয়ে দেখেন হুডিওয়ালা ব্যক্তিটি তীক্ষ্ণ দৃষ্টিতে তার দিকে তাকিয়ে। কিছু না বলেই সে একটা ফ্লাটের দরজা খুলে ভেতরে প্রবেশ করে। হকচকিয়ে যান জহির মিঁয়া। তিনিও সেই ব্যক্তি কে অনুসরণ করে ভেতরে ঢোকেন।

হুডিওয়ালা লোকটা তাকে কিচেনের সিঙ্ক দেখিয়ে বলে-''গত দু'দিন ধরে জল পড়ছে না, দেখুন তো কি সমস্যা।''

জহির মিয়াঁ তার ব্যাগ থেকে বিভিন্ন যন্ত্রপাতি বের করে কাজে লেগে যান। মিনিট দুয়েক ঠোকাঠুকির পর বলেন-''হের পাইপে গোলমাল আছে, কিছু আটকায় গেসে মুনে হয়; পাইপ পাল্টান লাগবো।''

''বেশ তাই করুন'' বলে ব্যক্তিটি কিচেন থেকে বেরিয়ে যান। সেদিকে একবার তাকিয়ে জহির মিঁয়া তার কাজ শুরু করেন।

ঘন্টাখানেকের মধ্যেই তিনি পাইপ পাল্টে ফেলেন। কাজ শেষ করে হুডিওয়ালা ব্যক্তিটিকে উদ্দেশ্য করে বলেন-''দেখেন সাব, হয়ে গেসে।''

বলে সিঙ্কের নল খুলতেই জহির মিঁয়া আঁৎকে ওঠেন। ওদিকে সিঙ্কে রক্তমিশ্রিত জল পড়েই চলেছে। তিনি পিছন ফিরে কিছু বলার আগেই ভীষণ ভারি কোনো বস্তু তার মাথায় আঘাত হানে। তারপর সব অন্ধকার।

•

চোখ খুলতেই নিজেকে সেই কিচেনেই আবিস্কার করেন জহির মিঁয়া। নিজের দিকে তাকাতেই হতভম্ব হয়ে যান তিনি। তার গায়ে একটা সুতো পর্যন্ত নেই, সম্পূর্ণ নগ্ন তিনি। ভীষণ অবাক হয়ে উঠতে গেলেই হাতে ও পায়ে টান পড়ে। ভালো করে চেয়ে দেখেন দু'হাত জানালার সাথে শেকল দিয়ে বাঁধা। সেই জানালার গ্রিল থেকেই শিকল নেমে এসে তার পা দুটিকে আড়াআড়ি ভাবে আষ্টেপৃষ্ঠে জড়িয়ে রয়েছে। যায় ফলে তার পদদ্বয়ের সংযোগস্থলে নব্বই ডিগ্রির কোন তৈরি হয়েছে। নিজের এহেন অবস্থায় কিংকর্তব্যবিমুঢ় হয়ে যান জহির মিঁয়া। কারোর পদশব্দে মাথা তুলতেই দৃশ্যমান হয় হুডিওয়ালা ব্যক্তিটির মুখশ্রী। আরও যেন অবাক হওয়া বাকি ছিল তার।

''কেমন আছিস চিত্ত?'' মৃদু হেসে প্রশ্ন করে হুডিওয়ালা ব্যক্তিটি।

অস্ফুট স্বরে তার মুখ থেকে বেরোয়-'পিয়াস!'

মৃদু হাসে পিয়াস। সাথে সাথেই তার মস্তিষ্কে আঘাত হানে চিরচেনা এক ডাক-

'চিত্তদা!'

.

'আজ আমায় মেলায় নিয়ে যাবে চিত্ত দা?'
আলতো হেসে চিত্ত বলে-'হ্যা! তবে তার আগে খেতে হবে তো! যাও তাড়াতাড়ি খেয়ে নাও তারপর আমরা মেলায় যাবো।"
''ওক্কে'' বলেই পিয়ালী দৌড়ে যায় তার বৌমণির কাছে।
পিয়াস অবাক চিত্ত কে বলে-''ম্যাজিক জানিস তুই? আমি এতক্ষন পিছনে দৌড়ালাম, খাওয়া তো দূর উল্টে আমারে থামচি দিয়ে দিলো!''
প্রতিত্তরে কিছু না বলে মিষ্টি করে হাসে চিত্ত।
পিয়ালী পিয়াসের ছোট বোন। আর চিত্ত হলো তার বন্ধু কম ভাই বেশি। পিয়ালী তো ভীষন ন্যাওটা চিত্তের। চিত্তদা হলে আর কিছুই চাই না তার।

.

সন্ধ্যা উৎরে গিয়েছে। বাড়ি ঢুকতেই পিয়াস বুঝতে পারে কিছু একটা হয়েছে। ড্রয়িংরুমে আসতেই তার স্ত্রী নিরা কাঁদতে কাঁদতে তার বুকে আছড়ে পড়ে। ভীত সন্ত্রস্ত হয়ে স্ত্রীকে ধরতেই তার কান্নারত অবস্থায় বলা কথা শুনেই মস্তিষ্ক ফাঁকা হয়ে যায় পিয়াসের। পিয়ালীকে খুঁজে পাওয়া যাচ্ছে না। বিকেলে খেলতে গিয়ে এখনো ফেরেনি।

.

''কিরে কিছু মনে পড়লো?'' পিয়াসের কথা শুনে সম্বিৎ ফেরে চিত্তের। তার দিকে তাকাতেই পিয়াস ঝড়ের বেগে এগিয়ে এসে চোয়াল চেপে ধরে চিত্তের। আক্রোশ, ঘৃণা মিশ্রিত কন্ঠে চিৎকার করে বলতে থাকে-''কেন করলি বল? কেন আমার ফুলের মতো বোনটাকে অত কষ্ট দিলি? কি করেছিলো ও? তুই জানতিস মা-বাবার পর একমাত্র আপন আমার বোন। মেয়ের মতো মানুষ করেছি ওকে আমি! আমার কলিজার টুকরো টাকে কেন মেরে ফেললি? বল?'' চিত্ত কে ঝাঁকাতে ঝাঁকাতে বলে পিয়াস। পিয়াসের চোখে জল, চিত্ত নির্বাক।

.

সেদিন সারা পাড়া পাগলের মতো পিয়ালী কে খুঁজেছে পিয়াস ও নিরা। অবাক করার বিষয় হলো চিত্তকে অসংখ্যবার ফোন দিয়েও পায়নি পিয়াস। এমন

অবস্থায় পিয়াস ভীষন অসহায় হয়ে পড়ে। নিরা তো কেঁদেই সারা। নিজের মেয়ের থেকেও বেশি পিয়ালী তাদের কাছে।

শেষে পিয়ালী যাদের সাথে খেলতে বেরিয়েছিলো তাদের জিজ্ঞাসাবাদ করার সময় একজন বলে যে সে পিয়ালীকে চিত্তের সাথে যেতে দেখেছে। তাদের খেলাধূলার সময় চিত্ত এসে পিয়ালী কে আইসক্রীম এর কথা বলতেই সে তার সাথে চলে যায়।

সব শুনে পিয়াস আর নিরা রওনা হয় চিত্তের ফ্লাটের উদ্দেশ্যে। সাথে থাকে পিয়াসের একজন পুলিশ অফিসার বন্ধু, কয়েকজন কনস্টেবল এবং নিরার বোন।

ফ্লাটে এসে তারা দেখে দরজা লক। কোনো সারা না পেয়ে দরজা ভেঙে ঢুকতেই ভিতরের দৃশ্য দেখে চিৎকার দিয়ে অজ্ঞান হয়ে যায় নিরা। নিরার বোন তাকে ধরে ফেলে। আর পিয়াস যেন তো পাথর হয়ে গিয়েছে।

ফ্লাটের ভিতর সারা ফ্লোরে রক্তের স্রোত, এক কোনে পিয়ালীর প্রাণহীন দেহ পড়ে আছে। চিত্তের কোনো চিহ্ন নেই।

কারোরই বুঝতে বাকি নেই এখানে কী হয়েছে। পিয়াস নির্জীবভাবে হেটে গিয়ে পিয়ালীর মৃতদেহ টাকে জড়িয়ে নেয়, একফোঁটা জল গড়িয়ে পড়ে তার চোখ থেকে।

.

চিত্তের চোয়াল ছেড়ে চোখের জল মুছে ফেলে পিয়াস। চিত্তের আনত মুখে দৃষ্টি পড়তেই আবারও যেন মাথায় আগুন জ্বলে ওঠে তার। সোজা চড় বসিয়ে দেয় চিত্তের গালে।

গালে সশব্দে একটা চড় পড়তেই চিত্ত পিয়াসের দিকে তাকায়।

পিয়াস আবারও বলে-''কেন করলি এমন? এতোই ক্ষিদে ছিল তোর শরীরে যে আমার অত ছোট বোনটাকে কেড়ে নিলি?''

পিয়াস এবার উঠে দাঁড়ায়, মুখে সার্জিক্যাল মাস্ক ও হাতে গ্লাভস পড়ে ফেলে। ব্যাগ থেকে একটা শান দেওয়া দা বের করে। একদম রোদ পড়ে চকচক করছে, এক কোপ পড়লেই ভবলীলা সাঙ্গ।

আবারও চিত্তের কাছে বসে পড়ে। এক টুকরো কাপড় নিয়ে কষে চিত্তের মুখ বাঁধতে বাঁধতে বলে-'তোদের মতো ধর্ষকদের এই পৃথিবীতে ঠাই নেই।'

বলেই এক কোপে নামিয়ে দেয় চিত্তের যৌনাঙ্গ। মুখ বাঁধা থাকায় এক গগনবিদারী আর্তনাদ চাপা পড়ে যায়। কাটা মুরগীর মত কাৎরাতে থাকে

চিত্ত। তার পদদ্বয়ের সংযোগস্থল থেকে রক্তবন্যা বয়ে যাচ্ছে, পাশে পরে আছে অবাঞ্ছিত মাংসপিন্ড টি।

সাইড ব্যাগে একে একে দা, গ্লাভস ও মাস্ক ভরে নেয় পিয়াস। অন্য একটা মাস্ক পড়ে পকেটে হাত গুঁজে শিষ দিতে দিতে ফ্লাট লক করে বেড়িয়ে যায়, এবার তার গা ঢাকা দেওয়ার পালা।

.

সেদিন অতিরিক্ত রক্তক্ষরণের ফলে পিয়ালী কে বাঁচানো সম্ভব হয় নি। পিয়ালীর লাশ কাঁধে নিয়ে পিয়াস প্রতিজ্ঞা করে যে, যে তার বোনের এই অবস্থা করেছে তাকে সে ছাড়বে না, হোক সে প্রাণের বন্ধু।

পিয়ালীর চিতার আগুনের দিকে তাকিয়ে শপথ নিয়েছিলো পিয়াস, চিত্তকে খুঁজে বের করে তার উপযুক্ত শাস্তি দেবে।

তারপর থেকে ক্ষুধার্ত হায়েনার মতো চিত্তের তল্লাশি চালিয়েছে সে। বেশ কিছুদিন আগে জানতে পারে চিত্ত নিজের নাম, ধাম, ধর্ম পাল্টিয়ে একজন প্লাম্বার সেজে বসে আছে।

তারপর শুরু হয় ছক কষা। এই জায়গায় ফ্লাট ভাড়া নেওয়া, সিঙ্ক খারাপ করা, ট্যাঙ্কের জলে রঙ মেশানো, জহির মিঁয়াকে বাগে আনা সব হয় তার প্ল্যান মোতাবেক।

পিয়াসের প্রতিশোধ পূর্ণ হয়েছে। বোনের সাথে হওয়া অন্যায়ের প্রতিবিধান করতে সক্ষম সে।

চিত্তও অতিরিক্ত রক্তক্ষরণের ফলে মারা যাবে, যেমনটা পিয়ালীর সাথে হয়েছিল।

(সমাপ্ত)

5

এক নিঃস্ব ছেলের গল্প

এক নিঃস্ব ছেলের গল্প
শুভ্রজ্যোতি ভৌমিক

গঙ্গার বুকে একটা নৌকার মধ্যে বসে আছি আমি আর প্রিয়া। একজন মাঝি ছাড়া আর কেউ নেই সেটাতে। বেলা শেষের পড়ন্ত সূর্যের আলো এসে পড়ছে প্রিয়ার মুখে। তার লম্বা কালো চুলে আলো প্রতিফলিত হয়ে একটা সোনালি আভা এসে পড়েছে আমার মুখে। আমার এই মায়াবী আলো খুব মাখতে ইচ্ছা করছে। একটা হলুদ রঙের চুড়িদারে বেশ মানাচ্ছে যেন তার চুলের রঙটা। চোখে সেটা ধাঁধা ধরালেও কোন যেন এক নেশার মত আমি তাকিয়ে আছি প্রিয়ার মুখের দিকে। মুখটাও তার সোনালি দেখাচ্ছে। আমি তাকে দুই হাত দিয়ে কাছে টেনে নিলাম। ক্রমশ প্রিয়া আমায় নেশা ধরাচ্ছে যেন। তার মুখের উপর পড়া কিছু লম্বা চুলেরগুচ্ছ আমি সরিয়ে দিলাম নিজের হাত দিয়ে। প্রিয়া ধীরে ধীরে সরে এসে শুয়ে পড়ল আমার বুকের উপর। হাতের আঙ্গুল দিয়ে আমি তাকে দেখাতে লাগলাম বিদ্যাসাগর সেতু, প্রিন্সেপ ঘাট, দূরে থাকা মানুষজন। কিছু কিছু সময় কথা নয় চুপ করে থাকতেই ভালো লাগে। সেই দূরে থাকা মানুষজন যেন ধীরে ধীরে মিলিয়ে গেল ছোট হতে হতে। রাত নামল গঙ্গার বুকে। তার কালো জলে শহরের আলো পড়ে, এক আলো- আধারির সৃষ্টি করে। তাতেও হারিয়ে যেতে ভারী মজা। আসলে এই প্রকৃতির সবকিছুতেই আনন্দ, মজা লুকিয়ে আছে। তবে সমস্যাটা হল যে সে সবাইকে ধরা দেয় না।

-'এ শুভ, বিড়িটা দে তো'।
আমার লম্বা ভাবনার মধ্যে একটা ছেদ পড়ল। চেয়ে দেখি দীপক। অবশ্য সে কথাটা বলার সাথে সাথে এক মুহূর্তও অপেক্ষা করল না, আমার হাত থেকে আধ-খাওয়া বিড়িটা প্রায় ছিনিয়ে নিয়ে নিজে একটা লম্বা সুখটান দিল। প্রায় আধবোজা বিড়িটার আগুনটা যেন জ্বল জ্বল করে উঠল। আমি মুখ ফিরিয়ে নিলাম। সামনে তাকিয়ে দেখি সূর্য আস্ত যাচ্ছে গঙ্গার বুকে। প্রিন্সেপ ঘাটের উপর থেকে এই দৃশ্য বেশ মনোরমই লাগে। আগে হারিয়ে যেতাম এসবে কিন্তু এখন......
-'আবার কি ভাবছিস রে? ওর কথা? কেন রে, তোকে কতবার বলব ভাবিস না ওকে নিয়ে, জত্তসব...'
একথা বলে একটা বিশ্রী গালি দিল প্রিয়ার উদ্দেশ্যে। অন্য কেউ হলে তার এমন অবস্থা আমি করতাম হয়ত হসপিটাল নয়ত নিমতলাঘাট যাত্রা করতে হত। কিন্তু ওর ব্যাপারটা অন্যরকম। যাই হোক, আমি বললাম-'কি আমার কোন কাজের ব্যবস্থা করতে পারলি'? বিড়িতে আর একটা লম্বা টান দিয়ে বলল দীপক বলল-'দ্যাখ ভাই, কলকাতায় কাজের কোন অভাব নেই এবার কথা হচ্ছে তুই কিভাবে উপার্জন করতে চাস'?
-'মানে'?
-'মানেটা খুবই সোজা। তোকে হয় সৎ পথে উপার্জন করতে হবে নয়ত অসৎ পথে। এবার বাকিটা তোর উপর'।
-'না ভাই, ওসব দুই- নম্বরি কাজ কর্ম আমায় দিয়ে হবে না, তার থেকে বরং তুই আমায় সৎ পথে উপার্জনের রাস্তাই বলে দে'।
বিড়িতে শেষ টানটা দিয়ে সেটা গঙ্গার জলে ফেলে দিল সে। তারপর মুখে একটা বাঁকা হাসি হেসে বলল-'দ্যাখ ভাই, অন্য পথটা বেছে নিলে তোর কম সময়ে অনেক টাকা জমে যেত। সৎ পথের রাস্তা কঠিন আর উপার্জনও কম'।
-'না ভাই, জীবনে অনেক প্রলোভনে পড়েছি, আর পড়তে চাই না। তুই সৎ পথে যে কাজই দিবি আমি সেটাই করতে রাজি'।
-'বাহ বেটা বাহ, শোন আমি আজকে আমাদের কন্ট্রাকটারের সাথে কথা বলেছি, আমাদের একটা এক্সট্রা লেবারের জন্য তোর নাম বলেছি। কন্ট্রাকটার স্যার আমায় বড্ড ভালবাসেন। তোর কাজ পাকা ভেবে রাখ। কাল থেকেই আমার সাথে স্যারের সাথে কথা বলে কাজ শুরু করে দিস'।
কথাটা বলতে বলতে সে আমার পিঠ চাপড়ে দিল। আমিও একটা আলতো হাসি হাসলাম। বেশ কিছুক্ষণ সব চুপ চাপ। অন্ধকার নেমেছে গঙ্গার কালো

জলে ঠিক একবছর আগে যেভাবে নামত ঠিক সেই ভাবে, পার্থক্য শুধু একটাই, তখন প্রিয়া থাকত আমার সাথে, আর আজ আমি একা। নিস্তব্ধতা ভেঙ্গে প্রথম শুরু করল দিপকঃ

-'ভাই, তুই জীবনে অনেক পড়াশোনা করেছিস। আমরা নয় ক্লাস এইট পাস, কেউ বা মাধ্যমিক, কেউ বা ক্লাস ফাইভ বা কেউ কেউ নিরক্ষর। কিন্তু তুই? তুই তো একটা মাস্টার ডিগ্রি করা ছেলে। তোর এই সব সামান্য লেবারের কাজ করে পোষাবে'?

আমি হেসে বল্লাম-' হ্যা, করেছি বটে তবে ভগবানও তো হাত দিয়েছেন খেটে করে খাওয়ার জন্য। পড়াশোনার যোগ্যতা দিয়ে কি পেট ভরানো যায়? যদি যেত তাহলে শুধু আমি না, এই বেকার দেশে অনেকেই তাই করত। সত্যি বলতে কি বলত এই শহরে আমি কর্পদকশূন্য এই কয়দিন তোর উপার্জনেই থাচ্ছি, সত্যি বলতে তোর অন্ন ধ্বংস করছি। আমার কাছেও এটা খুবই খারাপ লাগে। আমি টাকা পয়সা পেলে......

-'আহ, চুপ কর না, শুধু উল্টো পাল্টা কথা, চল উঠি এখান থেকে ঠাণ্ডা হাওয়াও দিচ্ছে। শীত করছে বেশ'।

দুইজনে উঠে গিয়ে হাঁটা লাগালাম বাড়ির পথে। কয়েকবার পিছন ফিরে তাকালাম গঙ্গার বুকে, জানি না কাল থেকে আর আসতে পারব কি না এখানে। যদি সন্ধ্যের দিকে কাজ করতে হয়, তাহলে আর এখানে আসা হবে না। চোখদুটো ঝাপসা হতে লাগল ধীরে ধীরে। হাত দিয়ে চোখ মুছলাম। দীপক বলল-'আবার কাঁদে? উফ বড় সমস্যা তো তোকে নিয়ে, তুই যা কাঁদিস তার থেকে মনে হয় একটা বাচ্চা কম কাঁদে। এত কাঁদিস না ভাই, আমার জন্য চোখের জলটা জমিয়ে রাখ, আমি মরে গেলে তো কাঁদতে হবে'। হাসতে হাসতে বলল সে'।

-'ধুর, কি সব বলছিস? এসব বলিস না, এমনিতেই ভালো লাগছে না তার উপর আজে বাজে বকিস না'।

হেসে উঠল সে। দীপক বল্ল-'আরে আমি তো এমনি বললাম'।

দুই বন্ধুতে মিলে যখন বাড়ি ঢুকলাম তখন প্রায় সাতটা বাজে। ঘরটা একটা তাঁবু। বিছানা আলাদা করে করা নেই। মাটির উপর একটা বড় কালো প্লাস্টিক পাতা রয়েছে। তাঁবুর দুই প্রান্তে দুটো বাঁশের খুঁটি পোঁতা রয়েছে। একটা কুড়ি ওয়াটের আলো টিম টিম করে জ্বলছে। জিনিষপত্র ছড়ানো-ছেটানো। খুব বেশি জিনিষ নয়। আটা মাখতে বসলো দীপক। মাখতে মাখতে বলল-'শুভ, একটা কথা বলি'?

আমি চাকি- বেলন নিয়ে বসেছিলাম। আটা মাখার পরে সে লেচিগুলো দেবে আর আমি সেগুলো বেলে দেব সেই অপেক্ষায়। আমি একটু অন্যমনস্ক হয়েই বসেছিলাম। হঠাৎ ওর কথা শুনে সম্বিত ফিরল যেন। আমি বল্লাম- 'হ্যাঁ বল'।

-'তোদের ব্যাপারটা আমায় একটু খোলসা করে বলবি? হ্যাঁ, অবশ্য তোর বলতে যদি কোন আপত্তি না থাকে আমায়'।

আমি মৃদু হাসলাম। দীপকের হাত থেকে প্রথম লেচিটা নিয়ে বেলতে বেলতে বললাম- 'ঘটনার সূত্রপাত প্রায় বছর পাঁচেক আগে, মুম্বাইতে। আমি ওখানকার এক নামী কলেজে ভর্তি হয়েছিলাম বাণিজ্য বিভাগে অনার্স নিয়ে। বেশ ভালই চলছিল। একটা বছর বেশ সুন্দরভাবেই কেটে গেল। একদিন আমাকে ফোন করলেন আমাদের স্যার অভিজিৎ বাবু। তিনি বললেন যে তিনি আমাকে একজনকে ছাত্রী দিতে চান। আসলে সেই ছাত্রীর বাড়ির আর্থিক অবস্থা খুব খারাপ। তার বাবা-মা আলাদাভাবে স্যারকে খুব বেশি টাকা দিতে পারবেন না। মেয়েটি খুব ভালো পড়াশোনায়। তার বাবা- মা স্যারের কাছে পড়ে আছেন মেয়েটির জন্য একটা শিক্ষক খুঁজে দেবার আশায়। স্যার আমায় বললেন-''দ্যাখ শুভ, আমি তোমাকে অত্যন্ত স্নেহ করি। তুমি প্রিয়াকে পড়াও। তাতে সেও কিছু শিখতে পারবে, আর তোমারও পুরনো অঙ্ক আর থিয়রিগুলো প্র্যাকটিস হয়ে যাবে। আর অসুবিধা হলে তো আমি আছি''। আমি তখনো প্রফেশনালভাবে পড়ানো শুরু করি নি। প্রিয়াই আমার প্রথম ছাত্রী। সত্যি আমি তার মেধা দেখে অবাক হলাম। সবে কলেজে উঠেছে সে, তাকে পড়াতে আমার হিমশিম খেতাম। তার সব অঙ্ক যেন মুখস্ত, যেখান থেকে যে প্রব্লেমই তাকে দিতাম না কেন মিনিট দশেকের মধ্যে সমাধান করে দিত'। সেটা দেখে আমি নিজেই লজ্জা পেতাম, তার মত এত মেধাবী আমি ছিলাম না। মনে মনে ভাবলাম ওকে ঠিকমত তৈরি করতে পারলে ও ভবিষ্যতে মানুষের মত মানুষ হতে পারবে, নিজে উপার্জন করতে পারবে'।

ততক্ষনে রুটিগুলো সব বেলা হয়ে সেঁকা হয়ে গেছে। দীপক উঠে গিয়ে ঘরের এক কোণা থেকে মধুর একটা শিশি বের করে বলল-'আজকে বাজার করা হয়নি রে, টাকা ছিল না। আজকে রাতে এটা দিয়েই কষ্ট করে চালিয়ে দে'। কাল নয় কিছু নিয়ে আসব। আমি বললাম-' আরে হ্যাঁ, ঠিক আছে একটা রাতেরই তো ব্যাপার। কাল কিন্তু আমার টাকা দিয়ে বাজার হবে'। মৃদু হেসে বললাম আমি। রুটিতে মধু মেখে একটা কামড় দিয়ে দীপক বলল- 'তারপর'?

- 'ধীরে ধীরে সময় কেটে যেতে লাগল। পড়াতে পড়াতে এক সময় ওর প্রতি আমি দুর্বল হতে লাগলাম। জানি না কেন? নিজের মনকে আমি হাজার সামলানোর চেষ্টাতেও ব্যর্থ হলাম। প্রথম প্রথম সেও চুপ-চাপ থাকত। ধীরে ধীরে দিন যত গড়াতে থাকল ও আমার সাথে ততটাই মিশতে লাগল। একসাথে যাওয়া, একসাথে খাওয়া, ঘুরে বেড়ান এমনকি আমার বাবা- মা বাড়িতে না থাকলে ও আমার বাড়িতে এসে পর্যন্ত থাকত। আমি সত্যিই খুব অবাক হতাম, তবে কোনদিনও এই নিয়ে তাকে কোন প্রশ্ন করি নি। ওর উপস্থিতি আমার ভালই লাগত। আমি আরও ওর সাথে জড়িয়ে যাচ্ছিলাম। এভাবে আমার কলেজ জীবন শেষ হল। বাবার ইচ্ছে ছিল আমি যেন লন্ডনে গিয়ে মাস্টার ডিগ্রিটা কমপ্লিট করি। কিন্তু এই কথা প্রিয়াকে বলতেই সে আমায় জড়িয়ে প্রচণ্ড কাঁদতে আরম্ভ করল। কারণ তার সেখানে যাওয়ার সামর্থ্য নেই। কাঁদতে কাঁদতেই সেই দিন সে আমাকে বলল যে সে আমাকে ভালোবাসে। তবে সেই দিন ওর একটা কথা আমায় খুব অবাক করেছিল জানিস'?

দীপক রুটি চিবাতে চিবাতে বলল-' তোর জীবনের গল্প, তুইই যদি না বলিস তবে আমি কি করে জানবো বল'?

আমি বললাম-'সে আমায় প্রপোজ করার পর বলে তুইও তো আমায় ভালোবাসিস, তবে সেটা আমায় কোনদিনও বলিস নি কেন? আমি অবাক হয়েছিলাম আর বলেছিলাম তুই কি করে জানলি যে আমি তোকে ভালোবাসি? সে উত্তরে বলেছিল যে মেয়েরা শুধুমাত্র চোখের নজর দিয়েই বুঝে যায় কোন ছেলে তাকে ভালোবাসে। আর আমার চোখে নাকি সে বেশ কিছু মাস ধরে ভালোবাসার নজর দেখছে। সেই দিন আমি তাকে কিচ্ছু বলতে পারি নি। শুধু হেসেছিলাম'।

-'সে তো বুঝলাম, তবে তোর কলকাতায় আসার কারণটা কি'?

-'বাড়ি থেকে সম্পর্কটা মেনে নিচ্ছিল না। সেই সব শহরে এসব ঘটনা খুব কম হয়, তবে জানি না কেন আমাদের দুইজনের বাড়ি থেকেই সম্পর্কটা মেনে নিচ্ছিল না। আমি মাস্টার ডিগ্রি শেষ করার পর চাকরির চেষ্টা করতে থাকালাম। আমি পেয়েও গেলাম এক মাল্টিন্যাশনাল কোম্পানিতে। আমি ভাবলাম এবারে হয়ত সব ঠিক হয়ে যাবে। কিন্তু না, ভাগ্য এবারেও আমাদের সাথে ছিল না। বাড়ি থেকে আবার বাধা এল। এবার আমরা ঠিক করলাম যে কলকাতায় পালিয়ে আসব। এখানকার শহিদ মিনার, সায়েন্স সিটি আর বিশেষ করে প্রিন্সেপ ঘাট আমার খুব ভালো লাগত। আমরা ঠিক

করেছিলাম বিয়ের পরে কোন এক দিন এখানে এসে সময় কাটাব গঙ্গার বুকে এবং তা কাটিয়েও ছিলাম। কিন্তু আমার জমানো সব টাকা নিয়ে এসেছিলাম এখানে। হোটেলে থাকতে থাকতে ক্রমে তা শেষ হয়ে আসছিল। আমরা দুইজন নিঃস্ব হয়ে পড়ছিলাম। একদিন হঠাৎ আমরা দুইজনে ঘরে বসে আছি, আমার বাবা হোটেলে ঢুকলেন। আমরা দুইজনে অবাক হয়ে গেলাম। সেই দিন অনেক ঝামেলা, অশান্তি হল। শেষ পর্যন্ত তিনি প্রিয়াকে নিয়ে চলে গেলেন। আমি জানি না যে তারপর তার সাথে কি হয়েছে। অনেক চেষ্টা করেছি জানার তবে কিছুতেই কিচ্ছু হয় নি'।

আমার চোখ ছল ছল করে উঠল। আমি ঘাড় ঘুরিয়ে দেখলাম দীপকের চোখও ছল ছল করে উঠেছে। হাত দিয়ে চোখটা মুছে দীপক আমার মুখের দিকে তাকিয়ে রইল। আমি বললাম-'কি রে, তোর কি হল আবার'?

-'কিছু না, তবে তোর কথা শুনে আমার জীবনের একটা ঘটনার কথা মনে পড়ে গেল'।

দীপকের গলার স্বর ভেঙ্গে গেছে হঠাৎ করে।

-'বল তাহলে শুনি'।

-' না ভাই আজকে না, অনেক রাত হয়ে গেছে এখন শুয়ে পড়তে হবে, একদম দেরী করা চলবে না। কালকে কাজে যেতে হবে মনে আছে তো'?

দুইজনেই নিজেদের মুখে হাসি আনতে চেষ্টা করলাম, তবে নাঃ সেই প্রচেষ্টা দুইজনেরই ব্যর্থ হল।

পরের দিন বেলা শেষে কাজ সেরে ফিরলাম দুইজনে একেবারে নিজেদের ডেরাতে। টিফিন বক্সে করে রাতের তরকারিটা কিনেই এনেছিলাম। গরম গরম রুটি করে দুজনে খাওয়া যাবে এই আশাতে আমি তেলচিটে স্টিলের আটার কৌটোটা খুলতে খুলতে বললাম- 'আজকে কিন্তু তোর গল্প বলার পালা'।

দীপক হাসল, পরক্ষনেই কৌটোটার দিকে তাকিয়ে বলল- 'এই যাহ্, আটা শেষ হয়ে গেছে, আমি ভুলেই গেছিলাম। তুই একটু বস, আমি মোড়ের মাথার দোকানটা থেকে নিয়ে আসছি'। বলেই সে সঙ্গে সঙ্গে বেরিয়ে গেল। বসে রইলাম আমি। দশ মিনিট, কুড়ি মিনিট, তিরিশ মিনিট। নাঃ এতক্ষন লাগার তো কথা না। বড়জোর দশ মিনিট লাগবে। পায়ে চটিটা গলিয়ে আমিও বেরিয়ে পড়লাম। কিছুদুর এগিয়ে যেতেই দেখি যে রাস্তার মোড়ে একটা জটলা। মনটা যেন কেমন করে উঠল। ভিড়ের মধ্যে ঢুকে গিয়ে দেখি একটা লোক পড়ে আছে রাস্তায়। মাথার পাশ দিয়ে রক্ত বেরোচ্ছে। দেহে যে প্রাণ নেই

বোঝাই যাচ্ছে। হাঁটু গেড়ে বসে মুখটা ভালো করে দেখতেই চমকে উঠলাম। এ যে, দীপক। থ হয়ে বসে রইলাম কিছুক্ষণ। পুলিশ এল। এক্সিডেন্ট এর রিপোর্ট লিখল। এক প্রত্যক্ষদর্শীর মতে দীপক যখন রাস্তা পার হতে যাচ্ছিল ঠিক তখনি পাশ থেকে এসে এক ফুল পাঞ্জাব লরি এসে ধাক্কা মারে। দীপক বাঁচার জন্য লাফ মারলেও তার মাথার পিছনদিকটা কোনভাবে ক্ষতিগ্রস্ত হয়, এবং তাতেই তার মৃত্যু হয়।

এই সারা কলকাতা শহরে এই একটা মাত্রই বন্ধু ছিল আমার। আজ সেও নেই। নিজের কান্নাকে অনেক কষ্ট করে সংবরণ করলাম। দীপকের দাহ করে যখন ফিরলাম তখন পরের দিন ভোর। রাস্তার পাশের এক বটগাছের নিচে তার দেহটা পড়েছিল। সেখানে আসতেই এতক্ষন ধরে জমানো কান্নাটা আর সামলাতে পারলাম না, গাছের নিচে বসে বাচ্চাদের মত কাঁদতে লাগলাম।

চোখে আলো পড়তে ঘুমটা ভাঙল। কখন ঘুমিয়ে পড়েছি জানতেও পারি নি। কাল রাত থেকে পেটে কিছু পড়েনি। তবে আজকে যদি কাজে না যাই, তবে আজকে রাতেও কিছু খাওয়া হবে না। কাজে গেলাম, সারাদিন ধরে খাটনির পর রাতে ডেরায় এসে ঢুকলাম। কিনেই এনেছিলাম আজকে সবকিছু, সেটা দিয়েই রাতের খাওয়া সারলাম। প্রথম প্রথম খুব মনে পড়ত দীপকের কথা। তবে ধীরে ধীরে কাজের ব্যাস্ততার মাঝে সব হারিয়ে যেতে লাগল।

একদিন কোদাল দিয়ে মাটি কাটছি হঠাৎই বড় সাহেবের আর্দালি এল আমার কাছে।

-'আপনাকে বড় সাহেব ডাকছেন, একটা বিশেষ দরকার আছে'।

আমি ভেবে পেলাম না, যে আমার মত সামান্য মানুষের সাথে ওনার কি দরকার থাকতে পারে। আমি বললাম-'ঠিক আছে, তুমি যাও হাতের কাজটা শেষ করে আমি যাচ্ছি'।

কাজ শেষ হওয়ার পর আমি গেলাম তার কেবিনে। ঢুকে দেখলাম উনি গালে হাত দিয়ে চিন্তিত মুখে বসে আছেন। আমায় দেখে হাত দিয়ে দেখিয়ে সামনের একটা চেয়ারের দিকে আঙ্গুল দেখিয়ে দিলেন। আমার সারা গায়ে মাটি লেগেছিল।

-'না স্যার বসে আর আপনার চেয়ারটাকে নোংরা করবো না'। আমতা আমতা করে বললাম আমি।

তিনি সরাসরি প্রশ্ন করলেন-'তুমি তো একটা মাস্টার ডিগ্রি করা ছেলে, কি তাই তো'?

চুপ করে রইলাম আমি।

হেসে উঠলেন তিনি, তবে চিন্তিত মুখের মধ্যে হাসিটা ঠিক ফোটে না। এক্ষেত্রেও সেমনি হল।
-'আরে ওত ভয় পাওয়ার কি আছে? আমি তো তোমায় শুধু জিজ্ঞাসা করছি'। আমি সন্মতি সুচক ঘাড় নাড়ালাম।
তিনি নিজের চেয়ার ছেড়ে উঠে হঠাৎ আমার হাত দুটো চেপে ধরে বললেন- 'ডায়মন্ড হারবারের দিকে সমস্ত লেবাররা ধর্মঘট ডেকেছে। তাদের দাবি তাদের মজুরি বাড়াতে হবে। কিন্তু এই অবস্থায় বেশি মজুরি দেওয়া সম্ভব নয়। আমি এই কথা ওদের বোঝাতে গেছি কিন্তু না, কাজ হয়নি। তারা দাবি মানছে না। কাজ অনেকটা এগিয়ে গেছে, এই অবস্থায় কাজ ছেড়ে দিলে প্রচুর টাকার লোকসান হয়ে যাবে। আমি চাই তুমি ওদের বোঝাও যেকোনোভাবে। আমি আশ্বাস দিচ্ছি প্রোজেক্টটা শেষ হলে আমি সবাইকে বোনাস দেব। আর তুমি যদি এই কাজটা করতে পারো তাহলে তোমায় আমার সুপারভাইজার বানিয়ে দেব'।
আমি ভেবে দেখলাম, প্রস্তাব মন্দ নয়, নিজের কাজের উপর আমার আস্থা ছিল। রাজি হয়ে গেলাম। এবং এসব কাজের পূর্ব অভিজ্ঞতার জন্য আমার কোন অসুবিধাই হল না। লেবারদের সমস্ত দাবি মেনে নিয়ে আমি তাদের আবার কাজে হাত দেওয়ার জন্য অনুরোধ করলাম এবং তাতেই কাজ হল। ফলস্বরুপ আমি সুপারভাইজার পদে উন্নীত হলাম।বেতন বাড়ল, বিলাসিতা বাড়ল, শিফট করে গেলাম একটা বিলাসবহুল বাড়িতে। এভাবেই কেটে গেল আমার জীবনের তিনটি বছর।
মি. এম সান্যাল, অর্থাৎ যিনি আমায় এই কাজের অফারটা দিয়েছিলেন তার মেয়ে আমায় ভালবাসত। এ কথা সে নিজের মুখে আমায় অনেকবার বলেছে। তবে সেটা ভালোবাসা না নোংরামো তা আমি ঠিক বোঝাতে পারব না। আমার কেবিনে সে আমায় কাজের সময় উত্যক্ত করত। ঐ মেয়েটিকে আমি সহ্য করতে পারতাম না। তাকে আশে পাশে দেখলেও আমার অস্বস্তি হত। সে যাই হোক, এভাবেই দিনগুলো কাটছিল। এমন সময় হঠাৎ মি সান্যাল তার বাড়িতে একটা বড় পার্টি করে আমাদের নিমন্ত্রন জানালেন। আমি এবং আমার সহকর্মীরা পার্টিতে উপস্থিত হলাম।
'না, না, না, এই সমস্ত নোংরামো আমি কিছুতেই সহ্য করবো না, কিছুতেই না। এই ঘর ভরা লোকের মাঝখানে আমায় প্রপোজ করা, এ আমি মানব না, কিছুতেই না'। ড্রাইভিং করতে করতে রাগে গজ গজ করতে থাকলাম আমি।
'ছিঃ এবার নিজের মান- সন্মান নিয়েও টানাটানি পড়বে, পিয়ালি এতটা নিচে

নামবে তা আমি কোনদিনও ভাবতে পারি নি, কোনদিনও না'। রাগে মাথাটা গরম হয়ে উঠেছিল, কি করে যে ওখান থেকে বেরিয়েছি সে একমাত্র আমিই জানি। রাগের বশে একটু বেশিই ড্রিঙ্ক করে ফেলেছিলাম। বড় বড় গাড়িগুলো যখন আমার ছোট গাড়িটার সামনে আসছে তখন তাদের হেড লাইট গুলো চোখে ধাঁধা লাগিয়ে দিচ্ছে। ঘুমিয়ে পড়তে ইচ্ছা করছে ক্রমশ। এমন চলতে থাকলে একটা অ্যাকসিডেন্ট হবেই, এই মনে করে আমি বাইপাস রোড দিয়ে যাবার সিদ্ধান্ত নিলাম।

রাত তখন অনেক। এই রাস্তাটা দিয়ে অনেক বেশি ঘুরে যেতে হয়। তাই সময়ও অনেক বেশি লাগে। হঠাৎই একটা বড় লরির হেড লাইট আমার চোখে এসে পড়ল, এবার আমি আর নিজেকে সামলাতে পারলাম না। নিয়ন্ত্রন হারিয়ে গাড়িটা ডানদিকের ফুটপাতে একটু বেশিই চেপে গেল। আর ঐ পাশ থেকে একটা শরীরের আমার গাড়ির সাথে ধাক্কা লাগল। সেও পড়ে গেল আমার গাড়ির সামনে। আর গাড়িটা অনেকটা স্পিডে চলছিল, আমি ব্রেক করার কোন সময়ই পেলাম না। গাড়িটা প্রচণ্ড একটা ঝাঁকুনি খেলো আর কিছু লাল তরলের ছিটে আমার গাড়ির কাঁচের এসে লাগল। ঘটনাটা বলতে যতটা সময় লাগল ঘটে যেতে সময় লাগল মাত্র কয়েক সেকেন্ড। নির্জন রাস্তা, ল্যাম্পপোস্টের আলো মৃদু কুয়াশায় ঢেকে আছে। দ্রুতপদে আমি নামলাম গাড়ি থেকে। গাড়ির নিচে দেহটা নিথর হয়ে পড়ে আছে। দেখেই বোঝা যাচ্ছে শরীরে প্রাণ নেই। আমি বুঝতে পারলাম না এই সময়ে আমার কি করা উচিত। একবার মনে হল পালিয়ে যাই। কিন্তু জানি না, কেন আবার মনে হল একে হাসপাতালে পাঠান উচিত। সামনে একটা তিনমাথার মোড়। আর তার পাশের একটা মুদি দোকান। দোকানটা খোলা ছিল তখনো। এসব দেখে আমার খুব অস্বস্তি লাগতে শুরু করল। দোকানের মালিকের পাত্তা নেই। কোলাপসিবেল গেটটা আটকান, ভিতরে আলো জ্বলছে। তাকে ডাকাডাকি করে হাসপাতালের ঠিকানাটা জেনে নিলাম। ডেড বডিটা তুলে গাড়ি ছুটিয়ে দিলাম হাসপাতালের দিকে, জানি না কেন আমি এই কাজটা করেছিলাম এটা জেনেও যে আমার যাবজ্জীবন হতে পারে ড্রিঙ্ক অ্যান্ড ড্রাইভ কেসে। হসপিটালে পৌঁছে গেলাম, কিছুটা স্বাভাবিক তখন আমি। বডিটা বের করতে গিয়ে বুঝতে পারলাম সেটা একটা মেয়ের। সেটা বের করে বেডে শুইয়ে দিলাম। গাড়ির চাকাটা তার পেটের উপর দিয়ে চলে গেছে। বডিটা একটু কড়া আলোয় আনতেই চমকে উঠলাম আমি। চিৎকার করে কয়েক পা পিছিয়ে এলাম। একি, একি!!! এ যে প্রিয়া, আমি তাকে নিজে নিজের গাড়ির

চাকায় পিষে মেরেছি? চোখ দিয়ে জল বেরিয়ে এল। তার সাথে কাটান কিছু এলোমেলো স্মৃতিগুলো ভিড় করল আমার মনে। পাথর হয়ে বসে রইলাম আমি। প্রিয়ার একটা হ্যান্ডব্যাগ তার সাথে ছিল। সেটা এখন আমার গাড়ির পিছনের সিটে আছে। কিছুক্ষণ পর নিয়ে এলাম সেটা। কয়েকটা প্রয়োজনীয় জিনিষ আর ব্যাগের কোণা থেকে একটা চিঠি পাওয়া গেল, যেটা তার রক্তে ভিজে লাল হয়ে গেছে। চিঠির লেখাগুলো পড়তে লাগলাম। কিন্তু সেটা পড়ে আমার কষ্ট কয়েকগুন বেড়ে গেল।

“প্রিয় শুভ,

জানি তুই আমাকে আজও ক্ষমা করতে পারিস নি। সেটাই স্বাভাবিক। তুই আমার জন্য নিজের পরিবার, উজ্জ্বল ভবিষ্যৎ সব ছেড়ে দিয়ে এখানে চলে এলি আর আমার ভাগ্যও এমনি যে চাওয়া সত্ত্বেও তোর সাথে থাকতে পারলাম না। তোকে ছেড়ে যাবার পর আমার জীবনে অনেক উত্থান- পতন এসেছে। সেগুলো নাহয় সাক্ষাতেই বলব, অবশ্য যদি তুই দেখা করতে চাস। আমি মুম্বাই থেকে আবার কলকাতায় আসলাম। দীপককে চিনতাম আমি। কিভাবে? সেটাও নয় সাক্ষাতেই বলব। তুই আর সে যেই ঘরে থাকতি সে ঘরে গেছিলাম আমি, কিন্তু সেখানকার লোকেরা বলল দীপক পথ দুর্ঘটনায় মারা গেছে বছর তিনেক আগে। তোর সাথে আগে কাজ করা একজন বলল তুই প্রোমোশন পেয়ে বেহালায় চলে গেছিস, আজকে সেখানেই যাব। তোর সাথে সরাসরি দেখা করবো না। জানি না আমায় হঠাৎ দেখে তুই কেমন আচরণ করবি। হয়ত এতদিনে তোর বিয়েও হয়ে গেছে কিংবা কারোর সাথে নতুন সম্পর্কে আছিস। আমি নিজেকে তার সামনে দেখা দিয়ে তোর সম্পর্কটাকে নষ্ট করতে চাই না। তুই ভালো থাক আমি এটাই চাই। তবে আমার মত একটা বিশ্বাসঘাতককে যদি তোর জীবনে আবার দরকার হয়, নিচে আমার ফোন নম্বরে যোগাযোগ করতে পারিস। আর তুই যদি বলতে চাস যে এই চিঠিটা আমি তোর লেটার বক্সে কেন ফেলছি? সত্যি কথা, এর উত্তর আমার জানা নেই। কোন এক অজানা শক্তি যেন আমায় তোর দিকে টানছে।

ইতি

প্রিয়া

চিঠিটা পড়তে পড়তে সেই দুর্ঘটনার জায়গার অস্বস্তির করণটা আমার কাছে স্পষ্ট হয়ে উঠল। গাড়িটা নিয়ে গেলাম সেখানে। হ্যাঁ, যেটা ভেবেছিলাম সেটাই ঠিক। সেই তিন মাথার মোড়টা, সেই মুদি দোকান, আর সেই গাছটা যেই গাছের নিচে তিন বছর আগে দীপকের মৃতদেহ উদ্ধার করা হয়েছিল।

বামদিকের রাস্তাটা ধরে সোজা গিয়ে, হ্যাঁ এই রাস্তাটাও আমার চেনা। এই তো সেই তেঁতুল গাছটা যার নিচের একটা তাঁবুতে আমরা থাকতাম। আমি আবার সেই গাছটার কাছে গাড়ি নিয়ে থামালাম। একটা খুব বড় আর মোটা বট গাছ। মোটামুটি বেড় দেবার জন্য ৫-৭ জন মানুষ লাগবে। সবই স্বাভাবিক, মানে একটা সাধারণ বট গাছ যেমন হয় ঠিক সেমনি। আমি গাড়ির দরজাটা খুলে বসেছিলাম ধারে। আর এক মনে গাছটার দিকে তাকিয়েছিলাম। তবে গাছটার নিচের দিকে তাকাতে আমার চোখজোড়া আটকে গেল। কালো কালো কিছু চটচটে জিনিষ সেই গাছের নিচে লেগে আছে। রক্ত জমাট বেঁধে এমনটা হয়েছে মনে হয়। কিছুক্ষণ আগের প্রিয়ার রক্তটাও জমাট বেঁধে এমনটা হতে পারে, কিন্তু এতটা হবে কি? মাথাটা খুব ধরেছে, তারও বা দোষ কি আজ সন্ধ্যের পর থেকে একটার পর একটা যা হয়ে চলেছে। জল খাবার জন্য বোতলটা বের করতে গিয়ে হঠাৎ পিছনে একটা লরির হর্নের আওয়াজ, কানটা ঝালাপালা হয়ে যাবার জোগাড়। আমার গাড়িটা ফুটপাতের এককোণে রাখা ছিল, সেই গাড়ির পিছনে সোজা এসে ধাক্কা মারল সেটা, আর আমি ছিটকে গিয়ে পড়লাম গাছটার শক্ত কাণ্ডে, মাথাটা জোরে ঠুকে গেল ঘাড়ে একটা 'কট' করে শব্দ হল, তার সাথে প্রচণ্ড যন্ত্রণা। পড়ে যাবার পর আমি দেখলাম বড় লরিটা কোথায় যেন মিলিয়ে গেল অন্ধকারে। নিজের ঘাড় আর মাথার যন্ত্রণায় ঝাপসা দেখতে লাগলাম সবকিছু। এই সময় গাছের পিছনের দিকের একটা হলুদ রঙের পোস্টার আমার চোখে পড়ল, অনেক কষ্ট করে পড়তে হল সেটা-

Caution

This road is thought to be haunted, please avoid this after sunset.

As ordered by

STATE GOVT.

ধীরে ধীরে অন্ধকার হয়ে এল সব। সবকিছু।

6

দেবীপক্ষ

দেবীপক্ষ

শ্রেয়া (কুহেলিকা)

জানালার কাঁচ ভেদ করে আসা মুঠো মুঠো রোদ চোখের ওপর পড়তেই ভ্রু কুঁচকে মুখটা অন্যদিকে সরিয়ে নিলো অর্না। সকাল হয়েছে অনেকক্ষন; রাস্তায় লোকজনের কোলাহল ... গাড়ির আওয়াজ। প্রত্যেকেই ছুটে চলেছে কাজের তাগিদে। অ্যালার্ম ক্লক টা আরো একবার কাতর স্বরে নিজের অস্তিত্বের জানান দিয়ে অবশেষে থেমে গেলো। প্রচন্ড বিরক্তি সহকারে ঘড়িটা বন্ধ করে উঠে বসলো অর্না। সূর্যের আলো আরো তীক্ষ্ণ ভাবে প্রবেশ করছে ঘরের ভেতর, শীতকালেও কেমন একটা অস্বস্তিকর গরমের ছোঁয়া চারপাশে।

-- আটটা বেজে গেছে! ইশ্ আজও বকা খাবো...

তড়িঘড়িতে বিছানা থেকে নেমে ওয়াশরুমের দিকে দৌড় লাগালো সে। ড্রেস চেঞ্জ করে কোনোমতে চিরুনি টা বুলিয়েই ব্যাগ কাঁধে ছুট দিলো। সিঁড়িতে দ্রুতপায়ে নামার আওয়াজ অনিশা দেবীর কানে পৌঁছাতেই তিনি রান্নাঘর থেকে বলে উঠলেন "না খেয়ে যাবি না অনু!" কিন্তু কে কার কথা শোনে! যতক্ষনে নুডলস্ এর বাটি হাতে তিনি বাইরে এলেন ততক্ষণে অর্না আর অর্নার সাইকেল দুটোই হাওয়া।

দ্রুত পায়ে সাইকেল চালাচ্ছে অর্না,রাস্তার দুপাশের গাছগুলো যেনো সমান তালে ছুটে চলেছে তার সাথে। রাতে হালকা বৃষ্টি হয়েছিলো এখনো ভেজা পাতা ছড়িয়ে রাস্তার ওপর, কিছু কিছু জায়গায় জল ও জমেছে বেশ। পাঁচ

মিনিটের মধ্যেই একটা মেরুন রঙের দোতলা বাড়ির সামনে সাইকেল টা দাঁড়ালো। বাগানের পেছনের দেওয়ালে আরো চারটে সাইকেল হেলান দেওয়া, সত্যিই খুব দেরি হয়ে গিয়েছে আজ।

-- আসবো? (দরজার সামনে মাথানিচু করে দাঁড়িয়ে রইল অর্না।)

কথাটা কানে পৌঁছালেও উত্তর দিলো না সৌর্য। আজ যথেষ্ট বিরক্ত সে। পরপর তিনদিন একই ভুল! সময়ানুবর্তিতা নিয়ে সচেতন সৌর্য গভীর ভাবে বিশ্বাস করে যার জীবনে পাংচুয়ালিটি নেই সে কখনোই মানুষের মতো মানুষ হতে পারে না।

অর্না তখনো নতমস্তকে মাটির দিকে তাকিয়ে। সে খুব ভালোই জানে সৌর্যের রাগ। পরপর তিনদিন যে ভুল ক্ষমা পেয়েছে সেটা হয়তো আজ ভয়াবহ আকার ধারণ করবে।

-- ভেতরে আয়।

সৌর্যের শান্ত কন্ঠস্বর অবাক করে দিলো অর্নাকে। তার শিরদাঁড়া বেয়ে একটা ঠাণ্ডা হিমেল স্রোত বয়ে গেলো যেনো। আর কথা না বাড়িয়ে সৌমিলির পাশে গিয়ে বসে পড়ে অর্না। কিন্তু ব্যাগের মধ্যে হাত দিতেই আরো একটা ঝটকা খেলো। তাড়াহুড়ো তে হোম টাস্কের খাতাটাই বাড়িতে ফেলে এসেছে। একে প্রতিদিন দেরি করে আসা তারপর পড়াশুনায় গাফিলতি সব মিলিয়ে সৌর্যের রাগ সপ্তমে চড়ে গেলো। হাতের মুঠোটা শক্ত করে দাঁতে দাঁত চেপে চিৎকার করে ওঠে "বেরিয়ে যা এখান থেকে! আর পড়তে আসার দরকার নেই। এমনিতেই তো দ্বিগজ্, পাস করবি বলেও তো মনেহয় না। যার নিজের পড়াশুনার প্রতি বিন্দুমাত্র ইচ্ছে নেই তার পেছনে নষ্ট করার মতো সময় নেই আমার।"

মাথানিচু করে সবটা শুনেছিলো অর্না। চোখ দুটো জ্বালা জ্বালা করছে তার, ঠোঁট কামড়ে গলার কাছে দলা পাকানো কান্নাটা কোনোমতে আটকে রেখেছে সে।

-- কি হলো? বেরো! দাঁড়িয়ে দাঁড়িয়ে সময় নষ্ট করিস না আমার। গাধা পিটিয়ে ঘোড়া করা যায় না। কাকুকে বলে দিস...

রাগে গজগজ করতে করতে টেবিলের ওপর সজোরে চাপড় মারে সৌর্য। অর্নার সাথে সাথে বাকিরাও চমকে ওঠে। অঙ্ক বইটা ব্যাগের মধ্যে ঢুকিয়ে নিঃশব্দে ঘর থেকে বেরিয়ে যায় অর্না।

সৌর্যদা সবার সামনে তাকে এভাবে অপমান করবে এটা তার ভাবনার বাইরে ছিলো। লজ্জায়,অপমানে দুচোখ বেয়ে অনবরত জল পড়ছে, বারবার

মুছে ফেলার চেষ্টা আরো বাড়িয়ে দিচ্ছে এই অশ্রুপ্লাবন। যেমন ভাবে এসেছিলো তেমন ভাবেই দ্রুত গতিতে বাঁকের মোড়ে সাইকেল টা অদৃশ্য হলো। সৌর্য তখনো তাকিয়ে টেবিলের ওপর জলের স্থির ফোঁটাটার দিকে।

বালিতে বসে নদীর দিকে একদৃষ্টে তাকিয়ে আছে অর্না। সামান্য দূরেই গাছের গুঁড়িতে সাইকেল টা হেলান দেওয়া। এই জায়গাটা তার মনখারাপের আবাসস্থল,এদিকে কেউ আসেও না তেমন একটা। সকালে বেশ রোদ থাকলেও এখন সূর্যিমামা মেঘের আঁচলে লুকোচুরি খেলছে। প্রকৃতিরও যেনো মন খারাপ , কেমন একটা বিষন্নতার ছাপ চারিদিকে।এলোমেলো বাতাসে অবাধ্য চুলগুলো বারবার চোখের ওপর এসে পড়ছে অর্নার।

হঠাৎ পেছনে কারো পায়ের আওয়াজে ঘুরে দেখে মধু কাকা। মাটি নিতে এসেছিলো বোধহয়,পাশেই কুমোর টুলি। পলি মাটিতে ঠাকুর তৈরির কাজ বরাবরই ভালো হয়। অর্নাও পিছু নিলো মধু কাকার। মাটির লম্বা দালানে সারি সারি প্রতিমা। সরস্বতী পূজোয় আর বেশি দেরি নেই...মূর্তি তৈরীর কাজ প্রায় শেষের পথে এখন মায়ের সাজসজ্জা চলছে। অর্না অবাক চোখে দেখছিলো কিভাবে একটা সামান্য মাটির তালে প্রাণ প্রতিষ্ঠা করা যায়। বৃষ্টি হবে হবে করেও হলো না শেষ পর্যন্ত। বাতাসে একটা গুমোট ভাব, বেশ অস্বস্তিকর আবহাওয়া। বাড়ির দিকে পা বাড়ালো অর্না। বেলা বাড়ছে...স্কুলে যেতে হবে।

ম্যারাথনের সেমি ফাইনালেও যথেষ্ট সাফল্যতার সাথে প্রথম স্থান অধিকার করলো অর্না। পরের মাসেই ইন্টারস্কুল ম্যারাথন প্রতিযোগিতা। জেলার বিভিন্ন স্কুল থেকে সেরা তিনজনকে পাঠানো হবে স্কুলের হয়ে খেলার জন্য। শিক্ষক শিক্ষিকাদের দৃঢ় বিশ্বাস এবছর মেয়েদের ম্যারাথনে প্রথম পুরস্কারটা তাদের স্কুলেই আসতে চলছে অর্নার হাত ধরে। পুরো স্কুল জুড়ে মাতামাতি অর্নাকে নিয়ে। পড়াশুনায় খুব একটা ভালো না হলেও অর্নার পায়ে যে হরিনীর গতি তা সবাই একবাক্যে স্বীকার করতে বাধ্য। অবশেষে স্কুল কর্তৃপক্ষের সিদ্ধান্তে অর্না,সৌমিলি আর তৃষা তিনজন নির্বাচিত হলো জেলাস্তরে স্কুলের হয়ে পক্ষপাতিত্বের জন্য।

সৌমিলির সাথে বাড়ি ফিরছিল অর্না হঠাৎ পেছন থেকে কিছু কটুক্তি কানে আসে। ঘুরে তাকাতেই অন্যান্য দিনের মতো আজও ওই চারটে ছেলেকে

চোখে পড়ে তার। স্কুল থেকে ফেরার পথে প্রায় প্রতিদিনই এদের নোংরা কটুক্তির শিকার হয় অর্না ও তার বান্ধবীরা। বাড়িতেও বলেছিলো একবার কিন্তু কেউ খুব একটা গুরুত্ব দেয়নি। অর্নার দিকে তাকিয়ে বিশ্রী ভাবে হেসে ওঠে ছেলেগুলো...কুকুরের হিংস্র চোখ যেনো তীব্র লোলুপ দৃষ্টিতে খুঁজে বেড়ায় সদ্য কৈশরে পদার্পনরতা বালিকার শরীরের প্রত্যেকটা খাঁজ। কিছুটা ভয়ে কিছুটা সংকোচে নিজেকে গুটিয়ে নেয় অর্না। সৌমিলি তাড়া দেয় সন্ধ্যে হয়ে আসছে..বাড়ি ফিরতে হবে।

ফেরার পথে মেরুন রঙা দোতলা বাড়িটা আবার চোখে পড়ে। স্কুলে শিক্ষক শিক্ষিকাদের প্রশংসা আর বন্ধুমহলের মাতামাতি সকালের ঘটনাটা মন থেকে মুছেই ফেলেছিলো প্রায়। কিন্তু আঘাতটা মিলিয়ে যায়নি। কাটা ঘায়ে আরো একবার খোঁচা পড়লো অর্নার। মনটা ভার হয়ে গেলো মূহুর্তেই। সকালের বাসি অভিমান এখন আরো বেশি দগদগে। দ্রুত পায়ে বাড়ির দিকে রওনা হলো সে।

বেশ কিছুদিন ধরেই আনিশা দেবী লক্ষ্য করছে মেয়ে মনমরা। আগের মতো আর পাড়াতেও বেরোয় না এখন। সকালে মাঠে প্র্যাকটিসে যাওয়া আর বিকেলে মাঝে মাঝে নদীর চর এইটুকুই তার সীমানা। যে মেয়ে সৌর্য দা বলতে পাগল ছিলো সে এখন তাদের বাড়ির আশেপাশেও যায় না, এমনকি সকালে পড়তেও না। ইদানিং স্কুল থেকে ফিরেই বই নিয়ে বসে অর্না, পড়াশুনায় অমনোযোগী মেয়েটা হঠাৎ খুব বেশি পড়াকু হয়ে উঠেছে। জিজ্ঞেস করলে উত্তর দেয় সামনে পরীক্ষা তাই এখন থেকে বাড়িতে বসেই পড়াশুনা করবে সে। মেয়ে পড়াশুনায় মন দিয়েছে দেখে আনিশা দেবীও আর কথা বাড়ান না।

রোজ সকালে অর্নার অপেক্ষায় থাকে সৌর্য কিন্তু অর্না আসে না। বিকেলে উঠোনটা ফাঁকাই পড়ে থাকে এখন। বাড়ি ফেরার পথে ক্লান্ত পাখির দল কৌতুহলী চোখে তাকায়, হয়তো তাদের মনেও প্রশ্ন জাগে " চিরপরিচিত কিশোরীর হাসিতে , কন্ঠস্বরে মেতে থাকা উঠোনটা হঠাৎ এতো নিস্তব্ধ কেনো?" বাগানের গোলাপ গাছগুলোও কেমন যেনো ঝিমিয়ে পড়েছে। অনেক চেষ্টা করেও বাঁচাতে পারলো না সৌর্য। হয়তো প্রিয়তমার অভিমানে তারাও কেঁদেছিলো! আজকাল সবেতেই অর্নাকে খুঁজে বেড়ায় সে। তীব্র ভাবে অনুভব করতে পারে তার অনুপস্থিতি। পরের মাসেই কোলকাতায় ফিরতে হবে। মাস্টার্স এর জন্য ভালো কলেজে অ্যাপ্লাই করেছে এবং চান্সও পেয়ে গেছে । যাওয়ার আগে একবার অর্নার সাথে দেখা করতে চায় সৌর্য ,

সেদিনের ঘটনার জন্য ক্ষমা চাইবে সে। হয়তো একটু বেশিই রুঢ় ছিলো সেদিন। মিশুকে, হাসিখুশি মেয়েটার মনের মধ্যে যে এতো অভিমান জমে তার বিন্দুমাত্রও আঁচ আগে কখনো পায়নি সৌর্য।

———

অবশেষে এসে যায় সেই দীর্ঘ কাঙ্ক্ষিত দিনটা। প্যান্ডেলে প্যান্ডেলে মা সেজে ওঠে। পুজোর আমেজ চারিদিকে। প্রতিবছরের মতো এইবছরও পাড়ার পূজো বেশ ঘটা করে হচ্ছে। সকাল থেকেই তোড়জোড় চলছে। পুষ্পাঞ্জলি শুরু হবে আর কিছুক্ষনের মধ্যেই। সবার অনুরোধে এবছর পূজোর প্রধান দায়িত্বে সৌর্য।

স্নান সেরে বেরিয়ে বিছানার ওপর রাখা বাসন্তী রঙা শাড়িটার দিকে একবার তাকালো অর্না। কিছুই ভালো লাগছে না তার। প্যান্ডেলে গিয়ে যে সৌর্যের মুখোমুখি হতে হবে তা ভালোই জানে সে। "ধুর! পুষ্পাঞ্জলি দিতেই যাবো না" নিজের মনেই বিড়বিড় করে অর্না। অবশেষে আলমারি থেকে একটা ফ্রক নিয়ে পরে নেয়।

-- অর্না!কে এসেছে দেখ।

মায়ের কন্ঠস্বরে ঘর থেকে বেরিয়ে আসে অর্না। ব্যালকনিতে দাঁড়িয়ে দেখতে পায় , সৌর্য! সিঁড়ি বেয়ে ওপরেই আসছে সে। ছুট্টে গিয়ে ঘর লাগিয়ে দরজায় ঠেস দিয়ে দাঁড়ায় অর্না। নিজের বুকের ধুকপুক আওয়াজ ছাড়া এখন আর কিছুই পৌঁছাচ্ছে না তার কানে। একটা অদ্ভুত অনুভুতি ঘিরে ধরেছে তাকে, তা ঠিক আনন্দ না অভিমান তার হদিস পায়না সে। দুবার নক করার পর অবশেষে সৌর্যের ডাকে দরজা খোলে অর্না। সঙ্গে সঙ্গে ছিটকে সরে আসে। ঘরের একপ্রান্তে মাথা নিচু করে দাঁড়িয়ে থাকে ; হয়তো সৌর্যের দিকে তাকাতে লজ্জা পাচ্ছে।

কোনোকিছু বোঝার আগেই মূহুর্তের মধ্যে অর্নাকে নিজের বলিষ্ঠ বাহুডোরে আবদ্ধ করে সৌর্য,চেপে ধরে দেওয়ালের সাথে। সৌর্যের স্পর্শে কেঁপে ওঠে অর্না। একটা তীব্র পুরুষালী গন্ধ নেশাগ্রস্তের মতো আচ্ছন্ন করে তাকে। কাঁপা কাঁপা চোখে সৌর্যের দিকে তাকায় অর্না,চোখদুটো ওখানেই স্থির হয়ে যায় প্রিয়তমর চোখের সাথে। একটু একটু করে অর্নার দিকে এগিয়ে আসে সৌর্য। সৌর্যের গরম নিঃশ্বাস ঠোঁটের ওপর অনুভব করতে পারছিলো অর্না। আবেশে চোখ বন্ধ হয়ে আসে তার। ঠোঁটদুটো অর্নার কানের একদম কাছে এনে সৌর্য ফিসফিসেয়ে বলে 'সরি!' আরো একবার কেঁপে ওঠে অর্না।

হতভম্বের মতো সৌর্যের দিকে তাকায় সে। হঠাৎ অর্নাকে ছেড়ে সরে আসে সৌর্য। পকেট থেকে একজোড়া দুল বের করে বাসন্তী রঙা শাড়িটার ওপর রাখে।

-- নীচে এসো! আমি অপেক্ষা করবো।

কথাটা বলেই ঘর থেকে বেরিয়ে যায় সৌর্য। অর্না তখনো হতভম্বের মতো দাঁড়িয়ে। সৌর্যের মুখে আজ প্রথম তুমি সম্বোধন শুনলো সে, অদ্ভুত একটা অনুভূতি তোলপাড় করে ওঠে বুকের ভেতর।

পুষ্পাঞ্জলি শেষে প্রত্যেকে নিজেদের মতো করে সময় কাটাচ্ছে। অর্নাও গল্পে মেতেছে বন্ধুদের সাথে। এতোদিন পর যেনো প্রান খুলে হাসছে সে। হঠাৎ সৌমিলি কনুই দিয়ে খোঁচা দেয় অর্নাকে। সামান্য দূরেই সৌর্য দাঁড়িয়ে,একদৃষ্টে তাকিয়ে অর্নার দিকে। চোখে চোখ পড়তেই মুচকি হেসে মুখ ঘুরিয়ে নেয় সে। অর্নাও লজ্জায় মাথা নিচু করে।

দেখতে দেখতে মায়ের বিসর্জনের দিন উপস্থিত হয়। সবারই কম বেশি মন খারাপ,কালকের দিনটা খুব আনন্দ করে কাটিয়েছে তারা, রাতজেগে নাচ, গান কতরকম খেলা। বিকেল হয়ে এসেছে আর কিছুক্ষণের মধ্যেই বিসর্জন। মন্ডপ থেকে শাঁখের আওয়াজ ভেসে আসছে,মায়ের সন্ধ্যা আরতি চলছে শেষ বারের মতো।ঘরের দালানে বসে আনমনে আকাশের দিকে তাকিয়ে অর্না। দিনশেষে পাখিদের ঘরে ফেরার ব্যস্ততা জানান দিচ্ছে আরো একটা দিনের সমাপ্তি আসন্ন। হঠাৎ সৌমিলি ছুটতে ছুটতে আসে

-- অনু! মেলা দেখতে যাবি?

পাশের পাড়ায় সরস্বতী পূজো উপলক্ষে বেশ বড়ো মেলা বসেছে অর্নাও তা জানে। মনটা এমনিতেই খারাপ তাই ভাবলো ঘুরে আসাই ঠিক হবে।

-- দাঁড়া মাকে জিজ্ঞেস করে আসি।

দিন শেষের মিহি আলো মেখে নীল সন্ধ্যে নেমে এসেছে পৃথিবীর বুকে। অর্না আর সৌমিলি নিজেদের মধ্যে গল্প করতে করতে বাড়ি ফিরছে। অর্নার হাতে রবীন্দ্রনাথের ছোটোগল্প সমগ্র,সৌর্যের জন্য কিনেছিলো সে। এই দিকটা বেশ নির্জন পাশেই নদীঘাট। দূর থেকে সার সারি মোমবাতির মতো আলো দেখা যাচ্ছে। হঠাৎ পেছনে কারো ভারী পায়ের আওয়াজে চমকে পেছন ঘোরে তারা। অন্ধকারে ঠিকঠাক বোঝা যাচ্ছে না। তবে কয়েকজন এদিকেই আসছে। আরো একটু কাছাকাছি আসতে বোঝা যায় সেই চারটে ছেলে!অর্না আর সৌমিলির দিকেই আসছে ওরা। অর্না সৌমিলির হাত ধরে টান দেয়। দ্রুত পা চালাতে ইঙ্গিত করে সে।নাহ্! ছেলেগুলো খুব কাছাকাছি চলে

এসেছে। একটা পর্যায়ে দৌড়াতে থাকে তারা। হঠাৎ মোরামে হোঁচট খেয়ে পড়ে অর্না। হাঁটুর কাছটা বেশ কিছুটা কেটে গেছে। সৌমিলি অনেকটাই এগিয়ে গেছে ততক্ষনে,পেছনে যে অর্না নেই তা লক্ষ্যও করেনি সে। ক্ষুধার্ত কুকুরের মতো অর্নাকে ঘিরে ধরে ছেলেগুলো। তীব্র মদের গন্ধে গা গুলিয়ে আসে অর্নার।

পেছনে কারো পায়ের আওয়াজ না পেয়ে থমকে দাঁড়ায় সৌমিলি। পেছন ঘুরতেই দেখে অর্না নেই! যেদিক থেকে এসেছিলো আবার সেদিকেই ছুট দেয় সে। কিছুটা এগিয়ে যেতেই ধূলোর মধ্যে অর্নার কেনা বইটা দেখতে পায় সৌমিলি, আশেপাশে খুঁজেও কোথাও অর্নার দেখা পায়না সে।

-- অনু! অনু!

সৌমিলির আওয়াজে পাশের ঝোপ থেকে বেরিয়ে একটা বাদুড় আকাশে ডানা মেলে। দূরে কোথাও কাল প্যাঁচা ডেকে ওঠে। পরক্ষনেই আবার ঘুমন্তপুরীর নিস্তব্ধতা। আকাশের দিকে একবার তাকায় সৌমিলি সন্ধ্যা তারাটা আজ একটু বেশিই উজ্বল পরক্ষনেই বাড়ির দিকে ছুট দেয় সে।

প্যান্ডেল খোলা হচ্ছে,সৌর্য সেখানেই দাঁড়িয়ে; পরিচালনার পুরো দায়িত্বই তার একার কাঁধে। সৌমিলিকে ছুটতে দেখে সবাই অবাক হয়ে তাকিয়ে তার দিকে। হাঁপাতে হাঁপাতে নদীচরের দিকে ইঙ্গিত করে সে।

বিসর্জন শেষ,,,নদীর জলে প্রতিমা ডুবে যায়। আশেপাশে তখনো বেশকিছু ফুল,মালা ছড়িয়ে। দক্ষিণ দিক থেকে বয়ে আসা বাতাসের সাথে ধূপ ধুনোর একটা উগ্র গন্ধ ভেসে আসছে বারবার। রাত আরো গভীর হয়। বাঁকা চাঁদটাও এখন আকাশের মাঝ বরাবর, বোধহয় ব্যাঙ্গাত্মক দৃষ্টিতে তাকিয়ে মনুষ্য সমাজের দিকে! অর্না বাড়ি ফেরে না...অর্নাদের বাড়ি ফিরতে নেই। এই সমাজে মাটির প্রতিমা পূজিত হয় জীবন্ত প্রতিমা নয়!

(সমাপ্ত)

7

আনন্দ আশ্রম

আনন্দ আশ্রম
সুস্মিতা অধিকারি

আজ ভোরের দিকে হঠাৎ করেই একটা দুঃস্বপ্ন দেখে সেই যে ঘুমটা ভেঙে গেল আর বিছানায় থাকতে পারলো না অনুমিতা। তখন সবে ভোরের আলো তার উজ্জ্বলতা ছড়িয়ে দিতে শুরু করেছে। বিছানা থেকে উঠে হাতড়ে ঘরের আলোটা জ্বেলে নিয়ে আলমারি থেকে একটা ফটো ফ্রেম বের করলো সে।

অনুমিতা মনে মনে বলে উঠলো,"আজ অনেক বছর বাদে তোমায় নিয়ে স্বপ্ন দেখলাম। তোমার জরাজীর্ণকায় চেহারা দেখে চমকে উঠেছিলাম। আচ্ছা তুমি ভালো আছো তো? হ্যাঁ ভালো তো থাকবেই ; ভালো থাকার জন্যই তো আমায় ছেড়ে ছিলে। চোখ থেকে নিঃসৃত অশ্রুকণা ফটো ফ্রেমের ওপর পড়লো। শাড়ির আঁচল দিয়ে যত্ন সহকারে ফ্রেমের ওপর পড়ে থাকা জলটা মুছে দিলো সে। আজ মনটা বড় অস্থির লাগছে, যে মানুষটা আমার নেই তার জন্যই আজ কেন আমার ভেতরটা এতো ছটফট করছে? ভাবতেই ভেতর থেকে একটা দীর্ঘশ্বাস বেরিয়ে এলো।"

অনুমিতা দেবী হাতের ফটো ফ্রেমটা আলমারির মধ্যে সযত্নে তুলে রাখলেন। চোখে চশমাটা দিয়ে বারান্দায় এলেন একটু খোলা আকাশের নীচে নির্মল নিঃশ্বাস নেবেন বলে। ঘরের মধ্যে অস্বস্তি লাগছে। সকাল থেকেই কেমন ভ্যাপসা গরম পড়েছে, গাছপালা সব কেমন নিস্তব্ধ হয়ে দাঁড়িয়ে আছে। ঠিক যেন কোনো ঝড়ের আগাম পূর্বাভাস জানান দিচ্ছে। নীল আকাশের

বুকে কালো মেঘেরা একসাথে জোট পাকিয়ে ঘুরে বেড়াচ্ছে। হয়তো মেঘের মনে জমতে থাকা অভিমানগুলো আজ বৃষ্টি রূপে ঝরে পড়বে।

---"মিতা মা তোমার খোঁজে কেউ একজন এসেছে। একটু নীচে আসবে?" দরজার বাইরে থেকে মলয় অনুমিতার উদ্দেশ্যে বলে উঠলো। আনন্দ আশ্রমের সমস্ত কাজে অনুমিতাকে মলয় সাহায্য করে।

--অনুমিতা মলয়ের উদ্দেশ্যে বলল, "এতো সকাল সকাল কে এলো আবার?"

--মলয় প্রতুত্তরে বলল, "জানি না মা। হয়তো কোনো সন্তানের খুব তাড়া পড়েছে বাবা বা মা নামক বোঝা থেকে মুক্তি পাওয়ার জন্য।"

অনুমিতা দেবী মৃদু হেসে বললেন, "ওরা মুক্তি পাক আর বঞ্চিত হোক বাবা-মায়ের সান্নিধ্য থেকে। ওরা না হারালে আমরা যে বঞ্চিত থেকে যাবো ওনাদের আশীষ থেকে। মলয় তুই যা আমি আসছি।"

ঘড়ি ঢং ঢং করে আট বার হুঙ্কার ছেড়ে জানিয়ে দিলো এখন সকাল আটটা বাজে। তাড়াতাড়ি করে স্নান সেরে এসে আয়নার সামনে দাঁড়িয়ে সিঁথিতে সিঁদুর দিতে গিয়ে একবার হাতটা থমকে গিয়েছিলো অনুমিতা দেবীর। তারপরে কি যেন ভেবে অন্যান্য দিনের তুলনায় বেশ চওড়া করে সিঁথিতে সিঁদুর পরলেন, কপালে লাল টিপ পরে পুজো শেষ করলেন।

অনুমিতা দেবী তার অফিস রুমে ঢুকতেই চেয়ারে একটা যুবক ও যুবতীকে বসে থাকতে দেখতে পেলেন। চেয়ার টেনে নিয়ে বসে তাদের উদ্দেশ্যে বলে উঠলেন, "হ্যাঁ বলুন কি সাহায্য করতে পারি?"

ছেলেটা কোনো জড়তা ছাড়াই বলল, "আমি আমার বাবাকে আজ থেকে এখানে রেখে যেতে চাই। তার জন্য কি কি ফর্মালিটি পূরণ করতে হবে একটু জানাবেন প্লিজ?"

অনুমিতা দেবী হাতের ফাইলটা গোছাতে গোছাতে বললেন, "আজ বললে তো আজ হবে না; কিছুদিন সময় লাগবে।"

ছেলেটা উত্তেজিত কণ্ঠে বলে উঠলো,"আমার আজ সন্ধ্যায় আমেরিকা যাওয়ার ফ্লাইট আছে। আপনি প্লিজ বোঝার চেষ্টা করুন ম্যাডাম। আচ্ছা বেশ এক্সট্রা কিছু ডোনেশন লাগলে বলুন আমি দিতে রাজি। কিন্তু কাজ টা আমার আজই শেষ করা চাই।"

একটু গম্ভীর হয়ে অনুমিতা বলল, "মিঃ....."

---"অভিরাজ সেন"আমার নাম অভিরাজ সেন।

--কিছুটা গম্ভীর ভাবেই অনুমিতা বললেন, "মিঃ অভিরাজ সেন আমাদের এই আনন্দ আশ্রমের কোনো নিয়ম টাকায় কেনাবেচা হয়না। আমরা সবাই

এখানে আন্তরিকতার সাথে মিলেমিশে আনন্দে থাকি। আপনার যখন এতোই তাড়া আমরা কাজটা আজই শেষ করবো আর যদি শেষ করতে না পারিও আপনার বাবার দায়িত্ব ব্যক্তিগত ভাবে আমি নেবো। বাকি সব কিছু আপনাকে মলয় আসছে বলে দেবে।"

বড় একটা শ্বাস ফেলে অভিরাজ বলে উঠলো, "উফফ ধন্যবাদ ম্যাডাম। অনেক বড় একটা চিন্তা থেকে রেহাই পেলাম। চলো আলেন্দ্রা ঝামেলা মিটে গেছে-"বলেই পাশে বসে থাকা যুবতীর দিকে হাসি মুখে তাকালো অভিরাজ।

---অভিরাজকে উঠতে দেখেই অনুমিতা বললেন "এক মিনিট মিঃ অভিরাজ সেন, আপনাকে কিছু বলার আছে। বসুন প্লিজ।"

---অভিরাজ বসতেই অনুমিতা গম্ভীর ভাবে বললো, "যে বাবা-মা এতোটা ধৈর্য্যের সাথে সময় দিয়ে আপনাকে এতো বড় করলো সেই বাবাকেই আজ ঝামেলা বলে মনে করে এখানে রেখে যাওয়ার তাড়া দেখাচ্ছেন। এই সময়টায় প্রতিটা বাবা-মায়ের ছেলেমেয়েদের সান্নিধ্য চায় কিন্তু দেখুন এই বয়সে এসেই সন্তানরা বাবা-মাকে বোঝা মনে করে। আজ আপনার যতটা তাড়া ঠিক ততটা তাড়া যদি আপনাকে বড় করার সময় ওনারা দেখাতেন তাহলে হয়তো আপনি এখন আমেরিকা যাওয়ার জন্য ফ্লাইটে বসতে পারতেন না। শিক্ষিত হয়ে শুধু কয়েকটা ডিগ্রি অর্জন করলেই মানুষ হওয়া যায় না। যদিও আপনাকে একা দোষ দেই কি করে বলুন তো? এখনকার অভিভাবকরা সন্তানকে মানুষ গড়ার চেয়ে শিক্ষিত করার দৌড়ে এগিয়ে; ফলস্বরূপ সন্তানরা সেই দৌড়ে এতোটা এগিয়ে যায় যে ওনারা পেছনে পড়ে থেকে যায় পুরোনো আসবাবপত্রের মতো" বলেই বেরিয়ে গেলেন অনুমিতা দেবী।

---অনুমিতা দেবী চলে যাওয়ার পর অভিরাজ সেই একভাবে চেয়ারে বসে রইলো। পাশে বসে থাকা আলেন্দ্রা অভিরাজের হাতের ওপর হাত দিতেই অভিরাজ মুখ তুলে তাকালো।

--অভিরাজকে চিন্তিত দেখে আলেন্দ্রা বলল, " কি হয়েছে এভাবে বসে আছো কেন? কাজ তো হয়ে গেলো, এবার চলো। "

---অভিরাজ আলেন্দ্রাকে জিজ্ঞেস করলো, "আলেন্দ্রা আমরা কি এটা ঠিক করছি? মা সেই কবে বাবাকে ডিভোর্স দিয়ে আলাদা হয়ে গেলো তারপর থেকে বাবা একাই আমায় এতো যত্ন করে বড় করলো। আমি বাবার সাথে অন্যায় করছি না তো?"

--আলেন্দ্রা অভিরাজের হাতটা মুষ্টিবদ্ধ করে বললো, "কোনো ভুল করছি না। পাপার ও বাড়িতে একা থাকার চেয়ে এখানে অনেকের সাথে থাকলে

ভালো থাকবেন। তুমি চিন্তা করো না সব ভালোই হবে।"

দোতলার পশ্চিমের কোণের দিকের ঘরটার দিকে যতই এগোচ্ছে অনুমিতা দেবী ততই যেন হৃদস্পন্দনটা কেঁপে উঠছে। আসবে না আসবে না ভেবেও নিজেকে আর আটকে রাখতে পারেননি তিনি। হ্যাঁ প্রায় পঁচিশটা বছর পরে মানুষটাকে চোখের সামনে দেখতে পাওয়ার লোভটা তার মনে জেঁকে বসেছে। কাল সব ফর্মালিটি শেষে মলয় যখন ডকমেন্টস দেখাতে তার কাছে নিয়ে গিয়েছিলো তখন ফর্মের ওপর অনুরাগ নামটা দেখে কিছু সময়ের জন্য থমকে গিয়েছিলো সে। যে সন্তানের জন্য এতো কিছু আজ সেই সন্তানের কাছেই সে মূল্যহীন ভাবতে কেমন কষ্ট হচ্ছে তার।

অনেকটা সাহস ও শক্তি সঞ্চয় করে অনুমিতা ঘরের মধ্যে প্রবেশ করতেই দেখতে পেলো শীর্ণকায় চেহারার অনুরাগ বিছানার এক কোণে বসে একদৃষ্টিতে জানালা দিয়ে বাইরের দিকে তাকিয়ে আছে। গায়ে দামি সাদা পাঞ্জাবী, মাথার সাদা চুল গুলো পরিপাটি করে চিরুনি দেওয়া, আজও সেই ক্লিন সেভ দাঁড়ি। চেহারার পরিবর্তনটুকু ছাড়া বাকি সবটাই যেন সেই আগের যুবক অনুরাগকে মনে করিয়ে দিচ্ছে। সেই কলেজের দিনগুলো। হাতে হাত রেখে ক্লাসরুম-লাইব্রেরি থেকে কলেজ মাঠ-ক্যান্টিন সবটা ওরা দাপিয়ে বেরিয়েছে। সুযোগ পেলেই সিনেমা তো কখনও স্টেশনে বসে সময় কাটিয়েছে। তারপরে শুরু হলো নিজেদের কেরিয়ার গড়ার লড়াই। এদিকে অনুমিতার বাড়িতে তখন বিয়ের কথাবার্তা তুঙ্গে। দুজনের মনে একে অপরকে হারানোর ভয়টা জাঁকিয়ে বসলো। ভগবানের আশীর্বাদে ঠিক সময়ে অনুরাগ চাকরি পেয়ে অনুমিতার বাড়িতে বিয়ের প্রস্তাব পাঠালো। সেদিন আনন্দে কেঁদে ফেলেছিল অনুমিতা। দীর্ঘ অপেক্ষার পর অবশেষে একে অপরকে সাথী হিসেবে সারাজীবনের জন্য পাবে এর চেয়ে আনন্দের কি আছে। তখনও অনুমিতা জানে না ভাগ্য এমন খেলা খেলবে তাদের সাথে।

দুই পরিবারের সম্মতিতে তাদের বিয়ে হলো। বিয়ের পর অনুমিতা ভাবতো তার মতো সুখী হয়তো কেউ নেই। কিন্তু বেশিদিন সেই সুখ স্থায়ী হলো না। বিয়ের বছর ঘুরতে না ঘুরতেই বাড়ির সবাই সন্তানের জন্য জোর করতে শুরু করলো। বিয়ের চারবছর হয়ে গেল কিন্তু অনুমিতার কোল শুন্য হয়ে থেকে গেল। বাড়ির সবাই উঠতে বসতে কটূক্তি করতে ছাড়তো না। অনুরাগও দিন দিন কেমন খিটখিটে হয়ে যাচ্ছিলো, ছোট ছোট বিষয়ে তুমুল ঝগড়া করতে শুরু করলো। ধীরে ধীরে সবটাই যেন পাল্টে গেলো। হঠাৎ করেই একটা দুর্ঘটনায় বাবা-মাকে হারিয়ে যখন অনুমিতা মানসিক

ভাবে পুরোপুরি বিদ্ধস্ত ঠিক তখন সে অনুরাগের দ্বিতীয় বিয়ের কথা জানতে পারলো। প্রথমে কথাটা শুনে তার চারপাশটা যেন থমকে গিয়েছিলো। "না আমার অনুরাগ কখনও এমন করতে পারে না; ও ওর অনুর জায়গায় কাউকে বসাতে পারবে না"। অনুরাগের ওপর অগাধ বিশ্বাস নিয়েই এসব ভাবতে ভাবতে অনুরাগের কাছে গিয়ে তাকে জড়িয়ে ধরে নিজের মনে বিড়বিড় করে বলেছিল,"খুব ভালোবাসি তোমায়, আমায় ছেড়ে যেও না।"

চরম বিরক্তি নিয়ে অনুরাগ নিজের থেকে অনুমিতাকে সরিয়ে বলে উঠলো,"উফফ অনু কাজের সময় এসব কি ন্যাকামো করছো?"

---"ওরা যা বলছে সব সত্যি? তুমি আবার বিয়ে করছো?"অনুর কন্ঠস্বর কেঁপে উঠেছিল, ভগবান কে মনে মনে ডেকে চলেছে যেন অনুরাগের উত্তর না হয়।

অনুরাগ নির্বিকার ভাবে উত্তর দিলো,"ওহ তুমি জেনে গেছো? ভালোই হয়েছে। আমি চেষ্টা করেও বলতে পারছিলাম না। সব ছেলের স্বপ্ন থাকে বাবা ডাক শোনার জন্য। জানো আমার বন্ধুদের সন্তানরা যখন তাদের বাবা-বাবা ডেকে কোলে ঝাঁপিয়ে পড়ে তখন আমার বুকের ভেতরটা চাপা কষ্টে কুঁকড়ে ওঠে। বাবা-মা জোর করলো তাই আমি আর না করতে পারলাম না।"

অনুমিতা চোখের জলটা মুছে নিয়ে বললো,"বিয়েটা কবে?"

অনুরাগ মাথা নত করে বললো,"আসছে সপ্তাহে সামনের বুধবার। অনু তোমাকে কোথাও যেতে হবে না, তুমি এখানেই থাকতে পারো সারাজীবন। "

হাতে রাখা ডিভোর্স পেপারটা টেবিলের ওপর রেখে তাতে সই করে দিলো অনুমিতা। বুকের ভেতরে চলতে থাকা অনুভূতির ঝড়ের দাপট অনুরাগকে বুঝতে না দিয়ে তার মুখোমুখি দাঁড়ালো।

"অভিনন্দন মিঃ অনুরাগ সেন। আপনার নতুন জীবন সুখের হোক। এই নিন আপনার বিয়ের উপহার "বলেই ডিভোর্সের পেপারটা হাতে তুলে দিলো। আর একটা ধন্যবাদ ও প্রাপ্য আপনার, আপনি ডিভোর্স পেপারটা এনে রেখেছিলেন বলে আমি আপনাকে এই উপহারটা যথাসময়ে দিতে পারলাম।"

-"অনু তুমি কোথায় যাবে? এখানে থা....." অনুরাগের কথা শেষ হওয়ার আগেই অনু হাত দেখিয়ে থামিয়ে দিলো তাকে।

-"জানেন মিঃ সেন বাঙালি মেয়েরা সব কিছুর ভাগ দিতে রাজি থাকলেও নিজের ভালোবাসার ভাগ কাউকে দিতে চায় না। তাই আমি আমার ভালোবাসাকে বিভক্ত না করে আপনার হবু স্ত্রীকে সেটা ভিক্ষে দিয়ে গেলাম।

অনেক বড় পৃথিবীতে আমার থাকার মতো একটু আশ্রয় আমি ঠিক খুঁজে নেবো।"
অনু চলে যেতে গিয়েও আবার ফিরে এসে বলল, "আচ্ছা কাল যদি জানতে পারেন আমি বন্ধ্যা আপনার কারনে। আমাদের কোনো বাচ্ছা হয়নি কারন বাচ্ছা জন্ম দেওয়ার ক্ষমতা আপনার নেই তখন আপনার স্ত্রীরও বুঝি আবার বিয়ে দেবেন?ভেবে দেখবেন" -বলেই অনু বেরিয়ে গেলো সেন বাড়ি থেকে। বাড়ির চারিদিকটা একবার ভালোভাবে দেখে নিয়ে বেরিয়ে এলো বাড়ি থেকে।

---অনুরাগ সোফায় বসে দুইহাত দিয়ে মাথার চুলগুলো থামছে ধরে রেখেছে। চোখটা ঝাপসা হয়ে আসছে। মা বলেছে বংশরক্ষার জন্য দ্বিতীয় বিয়ে না করলে তিনি নিজেকে শেষ করে দেবেন। সন্তান হিসেবে তাই মায়ের কথা শুনতে সে বাধ্য হয়েছে এতো বছরের ভালোবাসাকে ত্যাগ করতে। ক্ষমা করো আমায় অনু, ক্ষমা করো।

অনেক আশা নিয়ে অনুমিতা দাদা-বৌদির কাছে একটু আশ্রয়ের জন্য গিয়েছিলো কিন্তু ওখানে আশ্রয় পেলো না। চোখে বাঁধভাঙা অশ্রু নিয়ে টলমলে পায়ে এগিয়ে চলেছে অনুমিতা অনির্দিষ্ট গন্তব্যের উদ্দেশ্যে। আজ সে বুঝতে পারছে বাবা-মা ব্যতিত এই জগৎ সংসারে কেউ আপন নয়, বাবা-মা আজ বেঁচে থাকলে হয়তো এভাবে পথ তার ঠিকানা হতনা।
সূর্য পশ্চিমকাশে ঢলে পড়েছে, সন্ধ্যা ক্রমশ ঘনিয়ে আসছে। সেই সকাল থেকে অভুক্ত অবস্থায় পথে হণ্য হয়ে ঘুরে বেড়াচ্ছে। আর পা চলছে না, সারা শরীর যেন অবশ হয়ে আসছে। মাথাটাও কেমন ঝিমঝিম করে টলে উঠল, তারপরে আর কিছুই মনে নেই তার। এরপর যখন জ্ঞান ফেরে তখন নিজেকে আনন্দআশ্রমের একটা ঘরে পেয়েছিল, চোখ খুলেতেই মাথায় একটা স্নেহের ছোঁয়া পেয়ে তাকাতেই মা সম এক বয়স্ক মহিলাকে দেখতে পেলো। তিনি আমার সব কথা শোনার পর ওখানেই থাকার আশ্রয় দিয়েছিলেন সাথে মায়ের ভালোবাসা। কয়েকজন অনাথ শিশু আর সন্তান হারা বৃদ্ধা-বৃদ্ধ নিয়ে তৈরি আনন্দআশ্রম যেন এক অপার আনন্দের ভান্ডার।হাওয়াতে টেবিলের ওপর থাকা ফুলদানিটা পড়ে যেতেই হুঁশ ফিরলো অনুমিতার।

ফুলদানি পড়ে যাওয়ার শব্দ শুনে অনুরাগ মুখ ফিরিয়ে তাকাতেই চমকে উঠলো। অনু, তার সামনে অনু দাঁড়িয়ে? সে ভুল দেখছে না তো? আধা পাকা চুলের মাঝে চওড়া করে লাল সিঁদুর, পরনে সাদা লাল পাড়ের শাড়ি, হাতে

মোটা শাঁখা-পলা ঠিক যেন পঁচিশ বছর আগের আমার অনু।
অনুরাগকে এমন ভাবে তাকিয়ে থাকতে দেখে অনুমিতা কেঁপে ওঠা গলায় বলল, "কেমন আছো?"

অনুমিতার কন্ঠস্বর শুনে অনুরাগের হুঁশ ফিরলো। কিছুটা থেমে বললো,"খুব ভালো আছি। এই যে তোমার সামনে আছি দেখতে পাচ্ছো। তুমি কেমন আছো?" বলতে গিয়ে অনুরাগের কন্ঠস্বরটা কেঁপে উঠলো।

-"আমি খুব ভালো আছি। এই আনন্দআশ্রম আমার আঁচল ভরে আমায় ভালোবাসা দিয়েছে। হয়তো এদের এই ভালোবাসার জন্যই আমি বেঁচে আছি এখনও। আপনজনরা তো মাঝপথে সাথ ছেড়ে দিলো আর এরা আমায় আগলে নিয়ে নতুন জীবন দিলো"-বলতে বলতেই কিছু বাচ্চা এসে মা-মা বলে অনুমিতাকে জড়িয়ে ধরলো।

অনুমিতা চোখের জল আড়াল করে নিয়ে হাঁটুমুড়ে বসে হাসিমুখে বলল,"কি হয়েছে আদু সোনা? কেউ বকেছে?"

আদু অনুমিতার বুকে মুখ গুঁজে বললো,"তুমি আজ আমায় আদর করে ঘুম থেকে ডাকোনি কেন? তুমি জানোনা তোমার আদর ছাড়া আমার ঘুম ভাঙে না?"

অনুমিতা আদুকে জড়িয়ে কপালে ঠোঁট ছুঁইয়ে বললো, "উফফ সোনা রাগ করেনা, এইতো অনেক আদর করলাম।"
-"চলো, তুমি আজ আমায় খাইয়ে দেবে। খুব খিদে পেয়েছে, তাড়াতাড়ি চলো তুমি"-বলেই ওরা অনুমিতাকে টানতে থাকলো। অনুমিতা আদুর মাথায় হাত বুলিয়ে আদর করে বলে উঠলো,"সোনা তুমি যাও আমি আসছি তাড়াতাড়ি।"

অনুরাগ অনুমিতার শাঁখা আর সিঁদুর দেখে স্মিত হাসি হেসে ব্যঙ্গাত্মক স্বরে বললো,"বিয়ে করলে কবে? আর এই বাচ্চাটা কি তোমার? "

-"বিয়ে হয়েছে আজ থেকে ত্রিশ বছর আগে। একটা কাগজের টুকরো কি ভগবানকে সাক্ষী রেখে পরা সিঁদুর মুছে দিতে পারবে? যদিও এইসবের গুরুত্ব অনেকেই বোঝে না কারন তাদের কাছে বউ নামক প্রাণীটা শুধু বাচ্চা জন্ম দেওয়ার মেশিন বলেই পরিচিত। জন্ম দিতে না পারলেই ডেট এক্সপায়ার জিনিসের মতো ছুঁড়ে ফেলে দিতে দুবার ভাবে না তারা।"
কিছুটা থেমে অনুরাগের দিকে তাকিয়ে অশ্রুসিক্ত চোখে হাসি মুখে বললো,"শুধু এই বাচ্চা নয় এখানে থাকা সমস্ত বাচ্চার মা আমি। ভগবান আমায় এক সন্তানের মা হওয়ার সুখ দেননি কিন্তু তার বিনিময়ে এখানে থাকা অনেক সন্তানের মা হওয়ার সুখ উপহার দিয়েছে। এক বাবা-মাকে তাড়াতাড়ি

কেড়ে নিয়ে অনেক বাবা-মায়ের ভালোবাসা আমায় দিয়েছে। আর তুমি যে সন্তানের জন্য আমায় ত্যাগ করেছিলে সেই সন্তান আজ তোমায় ত্যাগ করে বিদেশ বিভুঁই চলে গেলো। যে সময়ে সন্তানদের সাথে থেকে সুখ অনুভব করে সবাই সেই সময়টায় তুমি বঞ্চিত। আমি নিজের গর্ভে ধারণ না করেও এতো সন্তানের সান্নিধ্যলাভ করার সৌভাগ্য পেয়েছি। তোমার অপরিপূর্ণতার শুরুতে আমি এক পরিপূর্ণ নারী" বলেই চিবুক বেয়ে গড়িয়ে পড়া অশ্রুকনা মুছে বেরিয়ে গেলো অনুমিতা। পেছনে ফেলে গেলো তার ভালোবাসার কাছে পরাজিত এক বৃদ্ধকে।

চোখের কোণে জমতে থাকা অশ্রুকণা চিবুক বেয়ে গড়িয়ে পড়ার আগেই একটা ছোট হাত এসে মুছে দিলো। ছোট্ট বাচ্চাটা ঠোঁট ফুলিয়ে বললো,"বাবা তুমি কাঁদছো কেন? তোমাকেও বুঝি মা বকেছে?"

অনুরাগ মাথা নাড়িয়ে সম্মতি জানাতেই মেয়েটা দুই হাতে অনুরাগের গলা জড়িয়ে বললো,"তোমার মাথার চুল এখনও পুরোপুরি সাদা হয়নি তাই তোমায় বাবা বলে ডাকবো কেমন? যখন সব চুল সাদা হয়ে যাবে তখন দাদু বলবো রাগ করবে না কিন্তু"-বলেই মেয়েটি খিলখিল করে হেসে উঠলো। এতো সুন্দর স্নিগ্ধ হাসি দেখে অনুরাগও হেসে ফেললো।

"অনু দেখো এখনও কোথাও না কোথাও আমরা এক সূত্রে বাঁধা পড়ে আছি। আমাকেও ভগবান সন্তান সান্নিধ্য থেকে বঞ্চিত করেনি। আজ দেখো তুমি এদের মা আর আমি এদের বাবা, আমাদের এতো সন্তান। তোমার অপূর্ন স্বপ্ন আজ সত্যি হয়েছে শুধু মাঝের সময় গুলো চলে গেছে সময়ের কালচক্রে। সেদিন যদি আমি তোমায় ছাড়ার ভুলটা না করতাম তাহলে হয়তো আজ আমরা একসাথে সুখী থাকতাম" মনে মনে কথাগুলো ভাবতেই এক দীর্ঘশ্বাস বেরিয়ে এলো অনুরাগের।

সমাপ্ত

৪

কে ওখানে ?

কে ওখানে ?
রূপকথা

সময়টা ছিল বুঝি তখন বর্ষা কাল । শ্রাবণের আকাশে মেঘের পর্দা। রোদ্দুরের চিহ্নমাত্র নেই। অভিমানী ভালোবাসা বৃষ্টি রূপে ঝড়ে পড়ছে দুদিন একদিন ছাড়াই । মাঝেমধ্যেই আবার উঠতো গগণ কাঁপিয়ে ঝড়। বিকেল মানেই কেমন স্যাঁতস্যেতে আবহাওয়া।

নলিন্দপুরের কদম তলায় এই বৃষ্টির দিনে বেশ একটা ভিড় জমতো বাচ্চাদের । কদম ফুলের টানে। ফুলটির দিকে আমার যে কোনো টান ছিল না সেই কথা বলা ভুল । তবে মায়ের কড়া নিষেধাজ্ঞার কারণেই কোনো বৃষ্টির দিনে বিকেল বেলা বাড়ির বাইরে পা রাখা হয়নি ।

সেই রকমই এক বিকেল বেলার কথা । ঝিরি ঝিরি বৃষ্টি পড়ছে। সকলের নজর এড়িয়ে আমি ছাদে উঠে গেলাম । ফুল নায় বা পেলাম , কিন্তু এমন সুন্দর বৃষ্টিকে কিভাবে প্রত্যাখ্যান করি ? ছাদের কার্নিশে দাড়িয়ে তাকিয়ে রইলাম দূরের কদম গাছটির তলায়।

আরে ওইটা রমেন দা না ! হুম...চিনতে কোনো ভুল করিনি আমি । তবে রমেন দার সাথে রুকসার দিকে দেখে খানিক অবাকও হলাম । দুজনই কতটা কাছাকাছি দাড়িয়ে আছে দেখো । কিঞ্চিৎ রাগ হয়েছিল সেইদিন । আসলে আমাদের পাড়ার মধ্যে রমেন দা হলো কি না ক্লাবের লিডার , যেমন দেখতে , তেমন ভদ্র সভ্য , খানিক গম্ভীর । কতো শত মেয়ে ওনার প্রেমে হাবুডুবু খাচ্ছে । তবে সেইসব মেয়ের মধ্যে আমি নেই কিন্তু । আমার শুধু তখন এই

অল্প একটু খানি ক্রাশ ছিল ওনার উপর । ওইখানেই ইতি। তবে এখনের খবর ভিন্ন । এখন ওনার দিকে কোনো মেয়ে চোখ তুলে তাকালেই কেমন একটা রাগ হয় । এই নিয়ে যদিও বা রমেন দা আমাকে কম ক্ষ্যাপাই না !

এর পরেও বহুবার ওনারা দুজন না চাইতেও আমার কাছে ধরা পড়েছে , তবে দুজনের মধ্যে কেউই কখনো বুঝতে পারেনি , যে অন্য আরেক কেউ তাদের গোপন প্রেমের কথা লুকিয়ে জেনে গেছে । তারা বুঝতে পারেনি তাদের প্রণয়ের কথা ফুটতে শুরু করেছে , যতদিন সে কুঁড়ি ছিল হইতো তেমন ভাবে কারোর নজরে পড়েনি , কিন্তু যত দিন যাচ্ছে সে যে সদ্য ফোটা শিশির ভেজা গোলাপের মতো সকলকে নিজের দিকে আকর্ষণ করছে ! আর মানুষ স্বার্থপর । ফুল দেখবে , অথচ তাকে আঘাত করবে না এ হয় নাকি ? সে কথা পড়ে বলি বরং...

একবার এই রমেন দা আর রুকসার দিকে নিয়েই আবার এক কান্ড ঘটে । তখন শীত কাল পড়েছে মাত্র । বিকেল বেলায় ফুরফুরে মেজাজে গায়ে চাদর জড়িয়ে হাঁটতে বেরিয়েছি । উদ্দেশ্যে আর কতদূরই বা হবে ? ওই কদম গাছের কাছ থেকেই একবার ঘুরে যাবো বলে বেরিয়েছিলাম ।তবে তখনও আমি জানতাম না বিকেল বেলাই কদম গাছটি আর সরকারি জায়গা থাকেনা , বরং দুটি মানুষের গোপন লুকানোর জায়গা হয়ে ওঠে এই কদম তলা। গাছের পিছনে দাড়িয়েই দেখেছিলাম তাদের ওষ্ঠ চুম্বনের মিলন । হইতো তাদেরও জীবনের প্রথম সেই চুম্বন , আবার হইতো আমারও জীবনের প্রথম এরকম দৃশ্য দেখা । কিছুটা অকল্পনীয় । পিছতে গিয়ে কোন এক ভাঙা ডালে পা পড়তেই কেমন মড় মড় আওয়াজ হয়ে উঠলো । আমি ভয়ে সয়ে চুপ করে গেলাম । ঈশ্বরের কাছে চোখ বন্ধ করে প্রার্থনা করছি তখন , " হে ঠাকুর তুমি এই শব্দ ওনাদের শুনতে দিও না...!" কিন্তু আমার এমন শুকনো শুকনো ইচ্ছের কোনো মর্যাদা নেই , আর তাই হইতো শুনতে পেলাম , গম্ভীর কণ্ঠে কেউ ডাক দিলো , " কে ওখানে ?"
আর আমাকে রাখে কে ? মনেমনেই বললাম , " পূর্ণিমা দে দৌড়..!"
এক দৌড়ে সোজা বাড়ি , পিছন ঘুরে আর ওনাদের দিকে তাকায়নি । ওনারা আমাকে দেখতে পেয়েছিলো কি না তাও জানিনা । তবে আমাকে অমন পাগল কুকুরের মতো দৌড়ে বাড়ি ঢুকতে দেখে আমার মা পর্যন্ত অবাক । এগিয়ে এসে বলেছিলেন " এমন দৌড়াচ্ছিস কেনো ? কুকুর তাড়া করলো নাকি ?"
আমি মুখে হাত দিয়ে , দ্রুত মাথা নাড়িয়ে কেবল একটা বোকা বোকা হাসি

দিয়ে উপরে নিজের রুমে চলে গিয়েছিলাম । কথা গুলো এখনও কেমন স্পষ্ট মনে আছে দেখো। দিনটি ছিল মঙ্গলবার । তাও মনে রেখে দিয়েছি । অথচ কোনোদিন যে এইভাবে সবটা ঘুরে যাবে কে জানতো ?

আরেকবার আরেক স্মৃতি তাদের , এখনও মনের মধ্যে ভাসে । নলিন্দপুরের বড়ো মেলার সময় আমি মাকে বলে একা একাই বেড়িয়েছিলাম । চারিদিকে কতরকম ঝিলিমিলি আলো । কতো রকম চরকি , নানান রকম দ্রব্যের দোকান , আর এক মন মাতানো সাজসজ্জা । ঘুরতে ঘুরতে চোখ গিয়েছিল অন্ধকার গাছের পিছনে , যেখানে তেমন কোনো আলো জ্বালানো হয়নি , ছাই ছিটে অল্প আলোই অস্পষ্ট দেখা গেলো , এক তরুণ যুবক নিজের কৈশোর সখীর হাতে চুড়ি তুলে দিচ্ছে স্বযত্নে। আহা ! কি অপরূপ ছিল সেই দৃশ্য । সত্যি বলতে গেলে তারপর থেকেই কেমন যেনো তাদের প্রেমে পড়ি, তা বলতে পারবো না । রমেন দাকে দেখতে ভালো , তিনি যথেষ্ট আকর্ষণীয় এক ব্যক্তি । তবু সেই সব কিছুই যেনো ফিকে পড়ে যাচ্ছিল তার ওই মিষ্টি পাগল পানা ভালোবাসার কাছে । সেইবার দুর্গা পুজোতে যখন রুকসার দিকে ওনার বাবা মা ছাড়লো না , তখন কেমন মন খারাপ করে ঘুরছিল রমেন দা । আবার সেইবার , নববর্ষে , আমরা সবাই মিলে যখন চড়ুইভাতি করেছিলাম , খাওয়া দাওয়া শেষে যখন রমেন দা চারিদিকে খুঁজেও হাত মোছার মতো কিছু খুঁজে পাচ্ছিল না , আমি দৌড়ে গিয়েছিলাম তোয়ালি আনতে । এসে দেখি , রুকসার দি নিজের দুপাট্টার এক কোণ এগিয়ে দিয়েছে রমেন দার দিকে , মুখে এক লাজুক হাসি । রমেন দা সামান্য ঝুঁকে সেই কাপড়েই মুখ মুছলো । আমিও মুচকি হেসে আড়ালে সরে গিয়েছিলাম ।

তবে বললাম না ফুল একবার ফুটলে , তার দিকে সকলেই আকর্ষিত হবে , এতে আবার নতুন কি ? তাই যে কথাটা এতদিনে শুধু রমেন দা , রুকসার দি , কদম তলা আর আমার মধ্যে গোপনে লুকিয়ে ছিল , সেটা ফেটে গেছে। স্কুল থেকে বাড়ি ফিরে মায়ের মুখে শুনেছিলাম ,

--" জানিস ওই পাড়াতে কি হয়েছে ? রুকসার আর রমেন আছে না ? ওরা নাকি প্রেম করতে গিয়ে ধরা পড়েছে ! ওদের কোন এক বন্ধু রাগের মাথা খেয়ে বলে ফেলেছে । রমেনকে তো আমি বরাবর ভালো ছেলেই জানতাম , এ নিশ্চই ওই মেয়ের দোষ বুঝলি তো ? ভালো ছেলে পেয়ে ফাসাচ্ছে ! সত্যি আজ কালকার মেয়েদের বুঝিনা !"

--" ভুলে যেওনা মা , তোমার মেয়েও আজ কালকার মেয়ে..!" রাগে নিজের রুমে চলে এসেছিলাম । আর কিছু বলতে পারিনি। মাথাটা যখন কাজ করা বন্ধ করে দিলো , তখন না চাইতেও হাত বাড়িয়ে টেবিলের উপর থেকে শরৎচন্দ্র চট্টোপাধ্যায়ের লেখা পল্লিসমাজ উপন্যাসটি পড়া শুরু করলাম আগের বছর জন্মদিনে ওটা মামা দিয়েছিল , সময় করে আর পড়া হয়নি কখনো , কে জানতো ওটা মন খারাপের সঙ্গী হবে বলে বসেছিল ।

রমেন আর রুকসার দির সাথে এর পরে কি হয়েছিলো ঠিক আমার জানা নেই । তখন আমার উচ্চমাধ্যমিক চলছে । আমার কি ওতো সময় আছে যে চারিদিকে নজর দেবো। মায়ের মুখে অঙ্ক পরীক্ষার আগের দিন একবার শুনেছিলাম --" ওই পাড়ার রুকসারের বিয়ে জুড়েছে তার মৌলোবি বাবা !"

অঙ্ক পরীক্ষার জন্যই বা হয়তো , সেইদিনের ওতো বড়ো কথাকেও তুচ্ছ ভেবে নিয়েছিলাম ।

তারপর সে এক ফাল্গুনের কথা । আমার পরীক্ষা সেইদিন শেষ ।স্কুল থেকে বাড়ি ফেরার পথে কি মনে হতে গিয়েছিলাম চেনা পরিচিত কদম তলায় । তবে সেখানে গিয়ে বুঝেছিলাম , আজও আমি ভুল সময়ে এসে পড়েছি । গোধূলির আলো মেখে তখন বিকেল তৈরি সন্ধ্যা রাণীকে বরণ করবে বলে । এরকম এক সময়ে স্পষ্ট দেখলাম সেই কদম গাছের আড়াল থেকে , রমেন দা কেমন করে রুকসার দিকে বুকের মধ্যে আগলে রেখেছে । আর সেই রুকসার দি কেমন ফুঁপিয়ে ফুঁপিয়ে কাঁদছে । আমারও মনটা খারাপ হয়ে গেলো । সেইদিন বাড়ি পৌঁছে মাকে প্রথম জিজ্ঞাসা করেছিলাম ,

--" আচ্ছা মা রমেন দা আর রুকসার দির কি হলো ?"

--" কি আর হবে বল তো ? ওদের কেউ মানবে নাকি ? "

--" মানবে না কেনো ? সেইদিনই তো রাঙা কাকিমা বলছিল রমেন দার কলেজের এই শেষ বছর , তারপরেই উনি কাকুর ব্যবসা সামলাবে , আর রুকসার দির পরিবারও তো সমৃদ্ধিশালী , তাহলে অসুবিধে কোথায় ?"

--" শোনো মেয়ের কথা ! একজন হিন্দু একজন মুসলিম , ভুলে গেলি ?" অবাক হয়ে বলেছিলো মা ।

--" তাতে কি মা ? রাঙা কাকিমা কি এই সব মানে ? আর রুকসার দির বাবাও তো আমাদের সাথে কতো ভালো ভাবে মেশে !"

--" তাতে কি ? সমাজে চলতে গেলে কতো মানুষের সাথে ভালো ব্যবহার করতে হয় জানিস ? তা বলে একেবারে বিয়ে ? আর তার উপর তোর রাঙা

কাকিমারা গেরো হিন্দু , রমেন কি কম চেষ্টা চালিয়েছে নিজের মাকে রাজি করানোর , কিন্তু ওর মায়ের এক কথা , এ বিয়ে মানবে না । আর তার উপর রুকসারের বাবা কোনোদিন রাজি হবে নাকি ? আমি আগে ভেবেছিলাম এইসবই রুকসারের একার দোষ । এখন এসে দেখছি রমেনটাও নাকি ওই মেয়েকে ভালোবাসতো। সত্যি বাপু ! যা তা ! "

--" যা তা কেনো মা ? ভালোবাসা কি দোষ ?"

--" তা বলে বিয়ের আগে ? তার উপর ধর্ম টর্ম কিছু মানার নেই ! সমাজ টা উচ্ছন্নে যাবে এদের জন্য দেখে নিস...!"

মায়ের কথাই মনেমনে বলেছিলাম ,

" সমাজ টা উচ্ছন্নে গেছে মা...তবে আমাদের জন্য । ওনাদের জন্য নয় !"

সেইদিন বাড়ির পিছনে চিৎকার চেঁচামেচি শুনে বেশ বিরক্ত হয়েই জানলার ধারে গিয়ে দাড়াতে প্রথম যে কথাটি কানে ভেসে এসেছিলো ,

" রমেন আর রুকসার ধরা পড়েছে পালাতে গিয়ে...!"

ভালো ভাবে নিচের দিকে তাকিয়ে দেখলাম , সত্যিই তাই । রমেন দার মতো ভালো ছেলেটাকেও কেমন ভাবে মারছে ওরা । চোখ ফেটে জল গড়িয়ে পড়লো । রুকসার দির বাবাও এসে পড়েছে ইতিমধ্যে । রাগে যেনো ওনার সারা শরীর কাঁপছে । মেয়েটিকে টানতে টানতে নিজের সঙ্গে কেমন করে যেনো নিয়ে চলে গেলো । রুকসার দির চোখের জলের কাছেও ওনার মন কি একটুও নরম হলো না ? রমেন দার বাবাও ছেলেটাকে মারতে মারতে ঘরে নিয়ে চলে গেলেন । জাইগাটি কিছুক্ষণের মধ্যেই আবার শান্ত , নিরিবিলি হয়ে গেলো ।

পরের দিন পল্লীসমাজ উপন্যাসটা নিয়ে মাত্র বসেছি , পরীক্ষার চাপে এর শেষ দুটি ভাগ তখনও পড়া বাকি । এমন সময় মা এসে আমার সামনে বসে টিভি চালিয়ে চ্যানেল পাল্টাতে পাল্টাতে বললো --" জানিস আজ রুকসারের বিয়ে দিয়ে দিলো ওর বাবা..!"

কোনো কথা না বলে নিজের রুমে চলে গিয়েছিলাম আমি । উপন্যাসটি আজ পড়ে শেষ করবই , এরকম এক মনোভাব । পড়লাম , হইতো অল্প একটু কাঁদলাম , কে জানে ? দরজার বাইরে তাকিয়ে দেখি , না মা আসছেনা ! একটা শান্তির নিশ্বাস ফেললাম । এই সমাজে তো সকলের সামনে কাঁদাও মানা , কাঁদতে গিয়েও লুকিয়ে কাঁদতে হবে , কেউ দেখে নিলেই একের পর এক

প্রশ্ন আসবে। এই সমাজেই তো আলাদা হয়ে গিয়েছিল আজ থেকে বহু বছর আগে শরৎচন্দ্র চট্টপাধ্যায়ের পল্লিসমাজ উপন্যাসে লেখা দুই চরিত্র। রমেশ আর রমা। তাদেরও কেউ এক হতে দেইনি। কেউ আমার রমেন দা আর রুকসার দিকেও এক হতে দিলো না। তাদের গল্পও অপূর্ণতার নাম পেলো। সত্যিই না জানি আরো কতো গল্পকে গিলে খাবে এই রাক্ষসী সমাজ।

সেই ঘটনার প্রায় এক সপ্তাহ পর একদিন শুনেছিলাম, হাইয়ার স্টাডি করার জন্য রমেন দাকে ওনার বাবা, রবিন কাকু বড়ো শহরে পাঠিয়ে দিয়েছিলেন।

তারপর আর ঠিক জানিনা ওনাদের দুজনের কি হলো, বা আমার কদম তলা কেমন আছে! কারণ তার আগেই উচ্চমাধ্যমিকের রেজাল্ট নিয়ে আমি পাড়ি দিয়েছিলাম মামার বাড়ি নিজের স্বপ্ন বোনামর ছন্দে। ব্যস্ততাই এতটা মুড়ে গিয়েছিলাম, যে গ্রামেই আসতে পারতাম না তেমন, আর এলেও অত দিকে ভাবতাম না।

রমেন দার সাথে আমার আবার দেখা হলো পাঁচ বছর পর। তবে এ এক অদ্ভুত দৃশ্যই বটে। ওনার পরণে পাঞ্জাবি আর আমি বধূ সাজে। নাহ্! সে আমার দিবাস্বপ্ন ছিল না। সে ছিল সত্যি। আমিও বড্ড অবাক হয়েছিলাম গ্রাজুয়েট পাস করে গ্রামে ফিরে এসে এক বিকেল বেলাই রবিন কাকুকে আমাদের বাড়ি দেখে। রমেন দা নাকি বাড়ি ফিরেছে। তিনি আর আগের মতন ভবঘুরে নেই। রবিন কাকু আর রাঙা মা আমাকে ওনাদের বাড়ির বউ করে নিয়ে যেতে চান, এই রূপেই এসেছিলো সেই সম্বন্ধ। মা বাবাও এক কথাই রাজি। একটা মাত্র মেয়ের বিয়ে তারা খুব একটা দূরে দিতে চাইনি। রমেন দাকেও ওনারা খুব ভালো ভাবেই চেনে। আশীর্বাদের দিন স্পষ্ট মাকে বলতে শুনেছিলাম, " সব ওই মুখপোড়া মেয়ের দোষ...আমাদের ভালো ছেলেটাকে কি দিয়ে বশ করেছিল কে জানে!"

রাঙা কাকিমার মুখেও সেই এক কথা। আমি অবাক হলাম। ঘুরে ফিরে সব দোষ সেই মেয়েটির, যে কিনা কাঁদতে কাঁদতে নিজের ভালোবাসা জলাঞ্জলি দিয়ে শ্বশুর বাড়ি চলে গেলো?

আশীর্বাদের প্রায় দু মাস পর আমাদের বিয়ের দিন ঠিক হয়েছিল। আমি বা রমেন দা কেউই সেই নিয়ে বেশি মাথা ঘামায়নি। আমি ওনার থেকে গুনে গুনে ছয় বছরের ছোটো। আমাকে উনি যথেষ্ট ভালো চেনেন। জীবন সঙ্গীর জন্য যে আমি মেয়েটা পারফেক্ট তাও বিশ্বাস করেন। আমিও জানি

অর্ধাঙ্গ রূপে রমেন দার থেকে ভালো কাউকে আশা করা বৃথা । তবু যেনো আমি ছেলেটির সঙ্গে স্বাভাবিক হতে পাচ্ছিলাম না । কোথাও গিয়ে এক বাঁধা অনুভব করছিলাম । তবে আমাকে সেই সব নিয়ে ভাবতে হয়নি। বিয়ের আগের দুই মাসই রমেন দা নিজে রোজ সন্ধের দিকে ফোন করে আমার খোঁজ নিত , আমাদের মধ্যে তেমন কথা বার্তা কোনোদিন হয়নি ।

" খেয়েছো ?"

" হুম..! তুমি ?"

" হ্যা..!"

কখনো অফিসের অনেক কাজ , তো কখনো আমার স্বপ্ন । এর মধ্যেই আমাদের কথা বার্তা সীমাবদ্ধ । কেমন যেনো একটা বুঝতে পারতাম , সম্পর্কটির মধ্যে ভালোবাসা নেই , আছে দায়িত্ব । মা বাবা ওমন জামাই পেয়ে খুব খুশি । মেয়ের কতো খোঁজ করে জামাই । আমিই একদিন কি মনে হতে বলেছিলাম , বিয়েটা আমি করবো না । ব্যাস , মায়ের হাত থেকে আমাকে আর কে বাঁচাই ! তবু যেনো কোথাও গিয়ে মনে হয়েছিলো , এই বিয়েতে আমাদের দুজনের মধ্যে কেউই খুশি হবে না । কথাটা কিভাবে যেনো রমেন দার কানে পৌঁছে গিয়েছিল । ফোন করে স্পষ্ট প্রশ্ন করেছিলো ,

" কাউকে ভালোবাসো ?"

" নাহ্..!"

" তবে বিয়েতে মত নেই কেনো ?"

" এমনি...!"

" ভয় নেই...! আমি পুরানো গল্প পিছনে ফেলে সত্যিই নতুন ভাবে এগোতে চাইছি...একটু সময় লাগবে...!"

" হুম...!"

সেইদিন কদম তলায় রুকসার দির মায়ের সাথে দেখা হলো । এক সময় ওনার সাথে আমার খুব কথা হতো । দেখতে পেয়ে ছুটে গিয়ে জিজ্ঞাসা করলাম --" চাচী কেমন আছো ?"

--" ভালো আছি...! তুই কেমন আছিস ?"

--" ভালো আছি চাচী..!"

--" তুই তো ভালোই থাকবি..! নতুন বিয়ের ফুল ফুটেছে বলে কথা ! ওই ছেলেকে বলিস , সে তো দিব্যি এখন বেশ আছে , তাহলে আমার মেয়েটার জীবন শেষ করার কি কোনো মানে ছিল ?"

--" এরকম বলছো কেনো চাচী ? কি হয়েছে রুকসার দির ?"

--" কোন শয়তান আমার মেয়েটার শ্বশুর বাড়ি গিয়ে রমেনের কথা বলে এসেছিলো ! বাড়ির বউ এর নামে এইরকম কথা কোন শ্বশুর বাড়ির লোক মেনে নিতে পারে ? সেইদিন থেকেই শুরু হলো অত্যাচার । আজ পাঁচ বছর চলছে... মেয়েটা রোজ ফোন করে কাঁদে জানিস...তাও কিছু করতে পারিনা আমরা...! মেয়েটা হওয়ার পর থেকে তো আরো অত্যাচার বেড়েছে বৈ কমেনি । এখন আবার সে গর্ভবতী । আল্লাহর কাছে দু বেলা কাঁদি , যেনো এইবার একটা ছেলে হয় , তাহলে আমার মেয়েটার জ্বালা একটু কমবে...!"

--" তোমরা তো যথেষ্ট বড়লোক । পাঁচ বছর ধরে রুকসার দির সাথে যখন এই সব হচ্ছে , আর তোমরা সবটা জানো , তাহলে কেনো তাকে নিজেদের কাছে নিয়ে চলে এলেনা ?"

--" পাগল নাকি ? বিয়ের পর মেয়েকে কতদিন বাপের বাড়ি রাখবো ? ওটাই ওর আসল বাড়ি , আজ না হোক কাল সুখ পেলেই হলো !"

আর কোনো কথা বলিনি সেইদিন । চুপচাপ চলে গিয়েছিলাম পাশ কেটে । এই সব মিলিয়েই বুঝি আমাদের সমাজ ! কে জানতো ?

বিয়ের পর আমাদের পাঁচ বছর পাড় হয়ে গেছে । সুখ দুঃখের অনেক মালা গেঁথেছি একসাথে দুজন । প্রথম প্রথম যদিও বা সে সব ছিল কেবল দায়িত্ব আর কর্তব্য । এখন অনুভব করতে পারি , তার মাঝেও ভালোবাসা আছে । এই যেমন যখন আমি বাপের বাড়ি আসি , এক ঘন্টা ছাড়া ছাড়া কেউ ফোন করে জানান দেই , তাড়াতাড়ি ফিরে এসো ।

কে বলে দ্বিতিয়বার ভালোবাসা যায়না ?

এক রবিবার , মজা করার ছলে রমেন আর আমি বেড়িয়েছিলাম বাজারে।সেখানে গিয়েই হঠাৎ অনেকদিন পর রুকসার দির সাথে দেখা । পাশে একটা বয়স বারোর মেয়ে । কোলে পাঁচ বছরের ছোটো ছেলে । বেশ ফুটফুটে দেখতে হয়েছে । মনে হলো কতদিন পর আবার রুকসার দির মুখের সেই প্রাণ খোলা হাসি দেখতে পাচ্ছি। সেইদিনই তো রুকসার দির মায়ের সাথে আবার দেখা ! এইবার দুঃখের গান না বরং খুশির গল্প বললেন তিনি । তার মেয়ে খুব খুশি আছে , শ্বশুর বাড়ির সবাই তাকে আদর যত্নে রাখে । অসুস্থ শ্বাশুড়ি নাকি বৌমাকে চোখে হারান ।

রমেন আর রুকসার দির চোখে চোখ পড়তে দুজনই একে অপরকে এক মিষ্টি

হাসি উপহার দিলো । আমার না জানি কেনো মনে হলো , দুজনকে একটু একা সময় দেওয়া উচিত । আমি উল্টো দিকে ঘুরে চলেই যাচ্ছিলাম এমন সময় হাতে টান অনুভব করলাম , পিছন ফিরে তাকাতে দেখি আমার উনি ব্যতিব্যস্ত হয়ে উঠেছে ।

" একা একা ওইদিকে কই চললে ? এই সময় তোমার বেশি দৌড়াদৌড়ি করা মানা , তা কি ভুলে গেলে ?"

আমি ওর দিকে তাকিয়ে মাথা নাড়িয়ে , না জানিয়ে , মিষ্টি করে হাসলাম । সেও আমাকে এক সুন্দর হাসি উপহার দিলো। এক অদ্ভুত সুন্দর হাসি ।

সে এক বিকেল বেলার গল্প । পুরানো কদম তলার নিচে আমি আর রমেন দাড়িয়ে । দুজনের মাঝে কিঞ্চিৎ দূরত্ব । দুই ওষ্ঠ যুগলের মিলন হলো অভিমানী বৃষ্টি প্রেমের সাথে । এমন সময় ভাঙা ডালের মড় মড় শব্দ । তৎক্ষণাৎ দুজনই একে অপরকে ছেড়ে দূরে সরে গেলাম । আমি আরো একটি দূরে সরে যাবো ভেবেছিলাম , তবে আমার উনি কি না আবার সেই আমাকে বুকের কাছে টেনে নিলেন । যেদিক পান থেকে আওয়াজ এসেছিলো , সেইদিকে ঘুরে ডাক দিলো সেই গুরুগম্ভীর আওয়াজে ,

" কে ওখানে ?"

অস্পষ্ট গোধূলির আলোই যে মেয়েটি গাছের আড়াল থেকে ছুটে পালিয়ে গেলো , তার কিঞ্চিৎ মুখ দেখেই বুঝলাম , রুকসার দি ! আমি খানিক ভাবুক হয়ে গেলাম , আচ্ছা সেইদিন কি তবে আমাকে দেখে ফেলেছিলো রমেন দা । ওনার দিকে তাকাতে দেখি , তিনিও কেমন ভাবুক হয়ে আছেন , আমি কিছু প্রশ্ন করবো কি , তার আগেই আমাকে আবারও নিজের বুকের মাঝে আগলে নিলেন ।

নাহ্ ! দ্বিতীয়বারও ভালোবাসা হয় । প্রথম প্রণয় কজনেরই বা থাকে ?

দ্বিতীয়বার ভালোবাসাকে আবার সুযোগ করে দিলে অন্তর্ত এমন একজনকে তো পাওয়া যাবে যার কাঁধে মাথা রেখে বলা যায় ,

" তুমি যেওনা প্রিয়...! একজনকে হারিয়ে আজ আমি শূন্য !"

৭

তুমি রবে হৃদ মাঝারে

তুমি রবে হৃদ মাঝারে
সঙ্গিতা ভকত

"উফ মা! আমি বাড়ির কাছে চলেই এসেছি। এক্ষুনি চলে আসবো।"

সংযুক্তার কথা শুনে রীতা দেবী বিরক্তির সাথে বললেন-

"আচ্ছা যুতি, তোকে কে বলেছিল বল তো এভাবে যাওয়ার? আমি তো বলেছিলাম আজ কোথাও যাবি না তাও তুই আমার কথা না শুনে চলে গেলি।"

"আহ মা! তুমি তো জানো বাবার শরীরটা খারাপ। ভাই একা কত দিক সামলাবে? আর আমি তো শুধু বাজারেই এসেছিলাম মিষ্টি কিনতে। আমি এক্ষুনি চলে আসবো। তুমি এতো চিন্তা করছো কেন বলো তো??"

রীতা দেবীর কপালে ভাঁজ পড়লো। উনি চিন্তিত হয়ে বললেন -

"চিন্তা করবো না তো কী করবো বল তো? ওনারা যে চলে এসেছেন। আর তুই এখনো আসিসনি।"

সংযুক্তা ওনাকে আশ্বস্ত করে বলল

"তো কী হয়েছে ওনারা চলে এসেছেন তো? ওনারা তো আর এখনই চলে যাচ্ছেন না। তুমি ওনাদের বসতে বলো আর ওনাদের সাথে কথা বলো আমি বাড়ির কাছাকাছি চলে এসেছি। আমি আসছি।"

"আচ্ছা ঠিক আছে তুই তাড়াতাড়ি আয়। আমি রাখলাম।"

বলেই রীতা দেবী ফোনটা রেখে দিলেন। সংযুক্তা ফোনটা রেখে একটা ছোটো নিঃশ্বাস ফেলে বাড়ির দিকে এগিয়ে গেল।

বাড়ির কাছে আসতেই সংযুক্তা দেখলো ওদের বাড়ির সামনের রাস্তায় কিছু বাচ্চা খেলা করছে। ওদের দেখে সংযুক্তার মুখে হাসি ফুটে উঠল। এলাকার প্রায় সবাই ওকে চেনে। আর সংযুক্তার ব্যবহারের জন্য সবাই ওকে খুব ভালোবাসে। বাচ্চারাও তাদের যুতি দিদিকে খুব পছন্দ করে।

এই সময় আশেপাশের বাচ্চারা এখানে খেলা করে। সংযুক্তা ওদের দিকে তাকাতেই দেখে আজ ওদের সাথে আরো একটা বাচ্চা মেয়ে দৌড়ে দৌড়ে খেলা করছে। বাচ্চাটা এখানকার না। কিন্তু ভারী মিষ্টি দেখতে। একটা হালকা গোলাপী রঙের ফ্রক পড়েছে, মাথায় একটা হেয়ারব্যান্ড আর পায়ে শু পড়ে এদিক ওদিক দৌড়ে বেরোচ্ছে।

"এটা আবার কে? ভারী মিষ্টি দেখতে তো মেয়েটা। কিন্তু আগে তো কখনো দেখিনি এখানে। হয়তো কারোর বাড়িতে বেড়াতে এসেছে। কিন্তু সত্যিই বাচ্চাটার মধ্যে একটা আলাদা স্নিগ্ধতা আছে। হাসিটা দেখেই মনটা ভালো হয়ে যায়।"

সংযুক্তা নিজের মনেই কথাগুলো ভেবে হালকা হাসলো। তারপর ওদের পাশ কাটিয়ে বাড়ির দিকে গেল। গেটের কাছে গিয়ে গেটটা খুলতেই সংযুক্তা একটা আওয়াজ শুনে থেমে যায়। পিছন ঘুরে দেখে ওই বাচ্চাটা মাটিতে বসে আছে আর হাঁটু ধরে কান্না করছে। সংযুক্তা তাড়াতাড়ি ওর কাছে গিয়ে ওর পাশে বসে উদ্বিগ্ন হয়ে বলে-

"কী হলো তোমার? কাঁদছো কেন??"

বাচ্চা মেয়েটি ফোঁপাতে ফোঁপাতে বলল-

"আমি খেলতে খেলতে পড়ে গেছি। আর আমার হাঁটুতে চোট লেগেছে।"

সংযুক্তা তাকিয়ে দেখে হাঁটুর কাছে কিছুটা ছিঁলে গেছে। ও ওর পায়ে হাত দিয়ে বলে

"ইশ! ছিঁলে গেছে তো। একটু সাবধানে খেলা করতে হয় তো? এখন ব্যাথা করছে নিশ্চয়।"

মেয়েটি কাঁদো কাঁদো স্বরে বলল-

"আমি বুঝতে পারিনি যে পড়ে যাবো।"

ওর মুখটা দেখে সংযুক্তার খুব খারাপ লাগলো। মেয়েটার মুখটা কী সুন্দর মায়া ভরা। কিন্তু ওকে কাঁদতে দেখতে সংযুক্তার একদম ভালো লাগলো না। তাই ও ওর মাথায় হাত দিয়ে বলল

"নাম কী তোমার? আর এখানে কার সাথে এসেছো??"

"আমার নাম রিত্বিকা। আমি এখানে আমার বাবাই, ঠাম্মি আর দাদানের সাথে এসেছি।"

"তো কোথায় ওনারা?"

রিত্বিকা কিছুটা অবাক হয়ে ওর দিকে তাকালো তারপর আশেপাশে তাকিয়ে বলল-

"ওরা তো এই দিদুন আর ভালো আঙ্কেলটার বাড়িতে আছে। কিন্তু কোন বাড়িটা আমি তো বুঝতে পারছি না।"

সংযুক্তা কিছু একটা ভেবে বলল

"আচ্ছা ঠিক আছে। তুমি একটা কাজ করো। এই সামনের বাড়িটা আমার। তুমি আমার সাথে চলো আমি তোমার পায়ে ওষুধ লাগিয়ে দিচ্ছি তারপর না হয় আমরা তোমার বাবাইয়ের কাছে যাবো?"

রিত্বিকা কিছুক্ষণ ওর মুখের দিকে তাকিয়ে থাকলো, তারপর মাথা নেড়ে বলল-

"আচ্ছা ঠিক আছে আমি যাবো তোমার সাথে। কিন্তু আমার পায়ে খুব লাগছে। আমি তো দাঁড়াতেই পারছি না।"

সংযুক্তা কিছু ভেবে ওকে কোলে তুলে নিল। তারপর বাড়ির ভিতরে চলে গেল। কিন্তু দরজার সামনে এসে কিছু একটা ভেবে রিত্বিকাকে নিয়ে পাশের বারান্দায় রাখা বেতের সোফাতে বসালো। তারপর ব্যাগ থেকে নিজের ফোনটা বের করে নিজের ভাই অরূপকে ফোন করলো। অরূপ ফোন ধরতেই সংযুক্তা ওকে কিছু বলতে না দিয়েই বলল

"ভাই তাড়াতাড়ি ফার্স্ট এয়েড বক্সটা নিয়ে বাইরে আয় কোনো প্রশ্ন না করে। আর কাউকে কিছু বলার দরকার নেই।"

বলেই সংযুক্তা ফোনটা কেটে দিল নাহলে এখনই আবার অরূপ প্রশ্নের ঝুড়ি খুলে বসতো। কিছুক্ষণ পর অরূপ বক্সটা নিয়ে বাইরে এসে সংযুক্তাকে দেখে বলল-

"কী হয়েছে দি? এভাবে বাইরে ডাকলি কেন?"

সংযুক্তা কিছু না বলে ওর হাত থেকে বক্সটা নিয়ে রিত্বিকার সামনে হাঁটু গেড়ে বসে পড়ে। তারপর কিছুটা তুলো নিয়ে ওর কেটে যাওয়া জায়গাটা ডেটল দিয়ে পরিষ্কার করতে থাকে। রিত্বিকাকে দেখে অরূপ ওদের কাছে এসে উত্তেজিত হয়ে বলে-

"আরে রিতি সোনা? তুমি? তোমার পায়ে চোট লাগলো কী করে??"

সংযুক্তা ওর দিকে অবাক হয়ে তাকিয়ে বলে-

"তুই ওকে চিনিস?"

"হ্যাঁ মানে.... তুই দাঁড়া আমি এক্ষুনি আসছি।"

বলেই অরূপ ভিতরে চলে গেল। সংযুক্তা ওর কথার কোনো মানেই বুঝলো না। ও ভালো করে রিত্বিকার কাটা জায়গাটা পরিষ্কার করে ওখানে ওষুধ লাগিয়ে দিয়ে উঠে দাঁড়াল। তখনই ভিতর থেকে একজন যুবক বেরিয়ে এসে রিত্বিকার পাশে বসে ওকে জড়িয়ে ধরে ওর গালে হাত রেখে বলল

"রিতি? কী হয়েছে সোনা তোমার? পায়ে লাগলো কী করে?"

সংযুক্তা ব্যক্তিটিকে দেখবে বলে মাথা তুলতেই পিছন থেকে আওয়াজ পেয়ে পিছন ঘুরে দেখে ওর মা রীতা দেবী, অরূপ বেরিয়ে এলো সাথে একজন ভদ্রলোক আর একজন মহিলা। ওনারা সংযুক্তার কাছে আসতেই রিত্বিকা প্রথম ব্যক্তিটির গলি জড়িয়ে ধরে বলল-

"বাবাই আমি একদম ঠিক আছি দেখো। আমি তো খেলতে খেলতে পড়ে গিয়েছিলাম আর কান্না করছিলাম। তখন এই ভালো আন্টিটা আমাকে চুপ করিয়ে এখানে নিয়ে এলো আর দেখো আমার পায়ে ওষুধও লাগিয়ে দিল।"

ছেলেটি রিত্বিকার গালে একটা চুমু খেয়ে সামনে সংযুক্তার দিকে তাকিয়ে অবাক হয়ে গেল। একইভাবে সংযুক্তা নিজেও ওনাকে দেখে রীতিমত চমকে উঠেছে।

"স্যার আপনি এখানে?"

"ডক্টর রায়? আপনি? মানে..."

রীতা দেবী সংযুক্তার কাছে এসে ওদের দুজনকে দেখে বললেন-

"তোমরা একে অপরকে চেনো?"

সংযুক্তা ওনার দিকে তাকিয়ে বলল

"হ্যাঁ মানে আসলে উনি হলেন আমাদের হসপিটালের সিনিয়র জেনারেল ফিজিশিয়ান ডক্টর ঋষিরাজ সেনগুপ্ত।"

ঋষিরাজ উঠে দাঁড়িয়ে বলল

"হ্যাঁ মা, বাপী। আর উনি হলেন আমাদের হসপিটালের সিনিয়র সাইকোলজিস্ট ডক্টর সংযুক্তা রায়।"

"কিন্তু স্যার আপনি এখানে...মানে..এসব কী হচ্ছে আমি তো কিচ্ছুই বুঝতে পারছি না..!"

রীতা দেবী ওর কাঁধে হাত রেখে বললেন

"যুতি আজ ওনারাই তো তোকে দেখতে এসেছেন। ঋষির সাথেই তো তোর বিয়ের সম্বন্ধ দেখা হচ্ছে।"

ওনার কথায় সংযুক্তা চমকে ওঠে।

"কিন্তু মা তুমি তো আমাকে আগে বলোনি..."

"আমি তো তোকে বলতে চেয়েছিলাম কিন্তু তোর কী সময় ছিল শোনার? পরশু দিন মেডিক্যাল ক্যাম্প থেকে ফিরে ক্লান্ত ছিলি বলে কথা হয়নি আর কালকেও সারাদিন হসপিটালে ছিলি আর রাতে ফিরলি অনেক দেরীতে তাই বলা হয়নি। আর সকাল থেকেও সুযোগ হয়নি।"

ঋষিরাজের মা আভা দেবী বললেন-

"আর ঠিক এই কারণেই ঋষিও জানতো না। আচ্ছা তোমরা কী দুজন একসাথেই ক্যাম্পে গিয়েছিলে?"

সংযুক্তা আর ঋষিরাজ একসাথে মাথা নাড়ে। তারপর ঋষিরাজ ওর সাথে নিজের বাবা মায়ের পরিচয় করিয়ে দিয়ে বলে-

"মিস রায় এই হলো আমার বাবা মিস্টার রজত সেনগুপ্ত আর ইনি হলেন আমার মা আভা সেনগুপ্ত।"

সংযুক্তা পায়ে হাত দিয়ে ওনাদের প্রণাম করলে ওনারা ওকে আশীর্বাদ করেন। তখনই রিত্বিকা ওদের মাঝে এসে গাল ফুলিয়ে কোমরে হাত দিয়ে দাঁড়িয়ে বলে

"আর আমি? আমার সাথে তো কেউ পরিচয় করালো না।"

ওর কথা বলার ধরণ দেখে সবাই হেসে ফেলে। ঋষিরাজ ওকে কোলে তুলে ওর গালে একটা হামি খেয়ে বলে

"দেখছো? আমি তো ভুলেই গিয়েছিলাম তোমার কথা। মিস রায় ইনি হলেন আমাদের বাড়ির সবথেকে ছোট্ট আর গুরুত্বপূর্ণ সদস্য রিত্বিকা সেনগুপ্ত। আর আমাদের সবার রিতি সোনা। আমার মেয়ে।"

ওর কথায় সংযুক্তা চমকে ওঠে।

"মেয়ে মানে? স্যার আপনি তো..."

"আন্টি আপনারা তো সব জানেন। আমি আপনাদের সব বলেছি। আর তাই আমি চাই মিস রায় নিজেও যেন সবটা জানে। মিস রায় আমরা কী একটু আলাদা করে কথা বলতে পারি?"

"হ্যাঁ অবশ্যই।"

আভা দেবী রিত্বিকাকে নিজের কোলের নিয়ে ওকে আদর করে বলে-

"রিতি সোনা তুমি আমার সাথে চলো। বাবাই আর আন্টি এখন কথা বলবে। আমরা বরং ভিতরে যায় ওখানে তোমার ফেভারিট সান্যাক্স আছে।"

"সত্যিই ঠাম্মি? তাহলে চলো চলো।"

উনি রিত্বিকাকে নিয়ে ভিতরে চলে গেলেন। ওনার সাথে রজত বাবু আর রীতা দেবীও গেলেন। অরূপ সংযুক্তার ব্যাগটা নিয়ে ওকে বলল-

"দি তুই বরং ঋষিদার সাথে পিছনে বাগানের পাশের বারান্দাতে যা ওখানে গিয়ে কথা বল।"

সংযুক্তা মাথা নেড়ে সম্মতি জানালে অরূপ ভিতরে চলে গেল আর ওরা দুজন বাড়ির পিছনের বাগানের পাশের বারান্দাতে এসে দাঁড়াল।

কিছুক্ষণ দুজনেই চুপ করে থাকার সংযুক্তা প্রথম বলল

"বলুন স্যার। কী বলবেন।"

ঋষিরাজ একটা ছোটো নিঃশ্বাস ছেড়ে বলল

"আপনি তখন জানতে চাইলেন না রিতি আমার মেয়ে সেটা কী করে সম্ভব??"

"আসলে স্যার আমরা সবাই জানি আপনি অবিবাহিত। আর সেখানে রিতি আপনার মেয়ে.... বিষয়টা ঠিক বুঝলাম না..."

"আপনি ঠিক জানেন। আমি বিবাহিত না। আর রিতি আমার নিজের মেয়ে না। আজ থেকে তিন বছর আগে আমি একটা অনাথ আশ্রমে গিয়েছিলাম সেখানকার বাচ্চাদের মাসিক চেকআপের জন্য। সেদিনই কেউ একজন রিতিকে সেখানে রেখে যায়। তখন ওর বয়স নয় মাস হবে। আমি ওখানে জানতে পারি যে ওর বাবা মা একটা অ্যাক্সিডেন্টে মারা গেছে। ওর পরিবারে আর কেউ নেই বলে ওকে এখানে দিয়ে গেছে। আমি ওর চেকআপ করি। ওর মুখে একটা আলাদা মায়া ছিল। একটা টান ছিল। যেটা আমাকে ওর সাথে জুড়ে দিচ্ছিল। ফেরার সময় ও যেভাবে আমার দিকে তাকিয়েছিল সেটা আমি উপেক্ষা করতে পারিনি। আর তাই সেদিনই সমস্ত ফরমালিটি পূরণ করার ওকে নিজের সাথে বাড়ি নিয়ে আসি আমার মেয়ে হিসেবে। আমার বাবা মাও ওকে ভালোবেসে আপন করে নেয়। হ্যাঁ মায়ের প্রথমে একটু সমস্যা ছিল কারণ আমার একটা মেয়ে আছে জেনে আমার বিয়ের ক্ষেত্রে অনেক সমস্যা হবে তাও আবার নিজের মেয়ে না দত্তক নেওয়া। কিন্তু তাও মা মন থেকেই ওকে মেনে নিয়েছে। আর তাই আমিও এখন অপেক্ষা করছি এমন একজনের যে আমার মেয়েকে মেনে নিয়ে আমাকে বিয়ে করবে।

আর এখন যেহেতু আপনার সাথে আমার বিয়ের বিষয়ে আলোচনা হচ্ছে তাই আমার মনে হলো আপনার বিষয়টা ভালো ভাবে জানা দরকার। এরপর আপনি যা বলবেন তাই হবে।"

সংযুক্তা কিছু না বলে চুপচাপ এক দৃষ্টে ঋষিরাজের দিকে তাকিয়ে আছে। তখনই ওখানে রিত্বিকা দৌড়াতে দৌড়াতে এসে সংযুক্তাকে জড়িয়ে ধরে। সংযুক্তা হেসে ওর সামনে হাঁটু মুড়ে বসলে রিত্বিকা বলে-

"আন্টি তুমি আমার বাবাইকে বিয়ে করবে?তারপর আমার সাথে আমাদের বাড়িতে থাকবে?"

ওর কথা শুনে ঋষিরাজ সংযুক্তার পাশে হাঁটু মুড়ে রিত্বিকার হাত ধরে বলল-

"তোমাকে এসব কে বলল?"

"ভিতরে ঠাম্মি, দাদাই, ওই দিদুন, আর দাদুটা বলছিল শুনলাম। জানো তো বাবাই আমার না এই আন্টিটাকে খুব পছন্দ হয়েছে। তুমি যদি ওনাকে নিয়ে যাও আমি খুব খুব খুব হ্যাপি হবো। বলো না বাবাই তুমি কি এই আন্টিটাকে বিয়ে করে আমাদের বাড়ি নিয়ে যাবে?"

ঋষিরাজ হালকা হেসে বলল

"তোমার আন্টি যদি যেতে চাই তাহলে অবশ্যই যাবো।"

"ও আন্টি বলো না যাবে তুমি আমাদের সাথে??"

সংযুক্তা একবার আড় চোখে ঋষিরাজের দিকে তাকিয়ে মুচকি হেসে বলল-

"যাবো সোনা। অবশ্যই যাবো।"

"ইয়ে!!! কী মজা!!! আমি এক্ষুনি সবাইকে বলছি তুমি আমাদের সাথে যাবে!!"

বলেই আবার দৌড়ে ভিতরে চলে গেল। আর ওর কান্ড দেখে সংযুক্তা আর ঋষিরাজ হেসে উঠে দাঁড়াল। ঋষিরাজ সংযুক্তার দিকে তাকিয়ে বলল-

"মিস রায় প্লিজ ওর কথায় কিছু মনে করবেন না। আর আপনি ভেবে চিন্তেই যেকোনো সিদ্ধান্ত নেবেন কারণ এটা আপনার জীবনের প্রশ্ন। আমি চাই না ভবিষ্যতে আপনার কোনো আক্ষেপ থাকুক। আপনি যদি না চান তবে...."

ওর কথা শেষ হওয়ার আগেই সংযুক্তা ওর চোখে চোখ রেখে বলল

"আমি তো একবারও বলিনি আমি এটা চাই না।"

কিছুক্ষণ দুজনেই চুপ। ঋষিরাজ একভাবে তাকিয়ে আছে সংযুক্তার চোখের দিকে। হঠাৎ কটা অদ্ভুত আকর্ষণ অনুভব করলো ও ওই দুই চোখের মধ্যে। যেন ওই চোখ দুটো ওকে টানছে। সংযুক্তা চোখ সরিয়ে বলল

"ভিতরে সবাই অপেক্ষা করছে। আমাদের যাওয়া উচিত।"

ঋষিরাজ হালকা হেসে মাথা নেড়ে ওর সাথে ভিতরে চলে যায়। বাড়ির ভিতরে ড্রয়িংরুমে সোফাতে আভা দেবী আর রজত বাবু বসে আছেন এবং ওনাদের মাঝে রিত্বিকা বসে আছে। অন্যদিকে একপাশে সোফাতে সংযুক্তার বাবা সুশোভন বাবু বসে আছেন এবং ওনার বিপরীত দিকে সোফাতে রীতা দেবী ও অরূপ বসে আছে। ঋষিরাজ আর সংযুক্তা সেখানে আসতেই ঋষিরাজ গিয়ে ওর বাবার পাশে বসলো আর সংযুক্তা গিয়ে ওর মায়ের সাথে বসলো। আভা দেবী বললেন

"দেখুন দিদি আমরা সংযুক্তার বিষয়ে সব জেনেই এখানে এসেছিলাম। ওকে আমাদের সত্যিই খুব পছন্দ হয়েছে। আর আপনাদের তো সবটাই বললাম। এবার আপনারাই বলুন আপনাদের কী মতামত।"

সুশোভন বাবু বললেন-

"ঋষিকে আমাদেরও খুব পছন্দ। আমি নিজেও একজন ডক্টর। আর সেই সুবাদেই ওর সাথে আমার আগেও বেশ কয়েকবার দেখা হয়েছে। আমার প্রথম থেকেই ওকে খুব পছন্দ। সেই জন্যই যখন আমার মেয়ের জন্য ওর সম্বন্ধ এলো তখন আর না করতে পারিনি।"

রজত বাবু বললেন

"আমরা জানি সুশোভন বাবু। কিন্তু আপনারাও তো সবটা শুনলেন এবার আপনারাই বলুন আপনাদের মত।"

"দেখুন আমাদের থেকেও আগে যুতির মতটা বেশী গুরুত্বপূর্ণ কারণ জীবনটা ওর। তাই ও যা বলবে তাই হবে।"

সবাই আশাপূর্ণ দৃষ্টি নিয়ে সংযুক্তার দিকে তাকালে ও মাথাটা নীচু করে কিছু ভেবে বলল-

"ক্ষমা করবেন আঙ্কেল কিন্তু আমার একটু সময় দরকার। আসলে বুঝতেই তো পারছেন...."

আভা দেবী হেসে বললেন

"আরে ঠিক আছে আমরা বুঝেছি। তোমরা যতটা সময় দরকার তুমি নাও আর ভেবে চিন্তে আমাদের নিজের সিদ্ধান্ত জানিও। তুমি যা বলবে তাই হবে।"

এরপর আরও কিছুক্ষণ কথা বলার পর ওনারা চলে যান। রাতে সংযুক্তা নিজের ঘরে জানালার পাশে বসে আছে একদৃষ্টে বাইরে আকাশের দিকে তাকিয়ে। ওর চোখের সামনে ভেসে উঠছে দু বছর আগে প্রথম ঋষিরাজের সাথে দেখা হওয়ার ঘটনা।

সেদিন ছিল হসপিটালে সংযুক্তার প্রথম দিন। শান্ত প্রকৃতির হলেও সংযুক্তা বরাবর প্রতিবাদী। প্রথম দিন হসপিটালে ঢুকেই দেখে একজন নার্স একজন বৃদ্ধ লোকের ওপর চেঁচামেচি করছে আর আশেপাশে সবাই দাঁড়িয়ে দেখছে। সংযুক্তা সেখানে গিয়ে জানতে পারে যে আসলে ওই বৃদ্ধর স্ত্রী হাসপাতালে ভর্তি আর উনি একবার ওনার সাথে দেখা করতে চান। কিন্তু নার্সটি বলছেন যে টাকা না দিলে ওনাকে ভিতরে যেতে দেবে না। ব্যস এটুকুই যথেষ্ট ছিল সেই সময়ের জন্য। সংযুক্তা নার্সটির সাথে ঝামেলা শুরু করে। তখনই অন্য একজন নার্স গিয়ে ঋষিরাজকে খবর দেয় যেহেতু ওই মহিলা ওর আন্ডারে। ঋষিরাজের এলে ওর সাথেও বেশ কিছুক্ষণ ঝামেলা হয়। পরে সব মিটমাট হয়ে গেলেও সংযুক্তা বেশ রেগে গিয়েছিল ঋষিরাজের ওপর। এরপরেও বেশ কয়েকবার ওদের নানা কারণে ঝামেলা হয়েছে। কিন্তু পরে দুজন সেইসব ঠিকঠাক করে নিয়েছিল কারণ ওদের একসাথেই কাজ করতে হবে সেখানে এমন ঝামেলা করা ঠিক না।

সেই প্রথম দিন থেকেই ঋষিরাজ যেন সংযুক্তার মনে কোথাও একটা জায়গা করে নিয়েছিল। আর ওর সেই ভালোলাগা ধীরে ধীরে বাড়তে বাড়তে একসময় ভালোবাসাতে পরিণত হয় কিন্তু ও সেটা কোনোদিন প্রকাশ করেনি কারণ ও জানতো এটা কখনো সম্ভব না। তাই ওর মা বিয়ের বিষয়ে বললে ও প্রথমে রাজি না হলেও পরে মেনে নেয়। কিন্তু আজ যখন ও জানলো যে সেই ছেলে আসলে ঋষিরাজ তখন যেন ওর মনের কোণে লুকানো সেই ভালোবাসা যেন বেরিয়ে আসতে চাইছে। ওর মন নতুন করে স্বপ্ন দেখতে চাইছে। কিন্তু তাও নিজেকে একটু সামলে নেওয়ার জন্যই ও তখন সময় চেয়েছিল।

সংযুক্তা বসে বসে এইসবই ভাবছিল তখনই ও নিজের কাঁধে কারোর হাতের স্পর্শ পেয়ে পাশে তাকিয়ে রীতা দেবীকে দেখে সোজা হয়ে বসে বলে-

"কী হলো মা? কিছু বলবে??"

রীতা দেবী ওর সামনে বসে বললেন

"দেখ যুতি আমরা কখনোই তোকে কোনো কিছুতে জোর করিনি আর কোনোদিন করবো না। আর এটা তোর জীবনের প্রশ্ন তাই তুই যা সিদ্ধান্ত নিবি একটু ভেবে চিন্তে। দেখ ঋষিরাজ ছেলেটা ভালো। আমাদের সত্যিই খুব পছন্দ। কিন্তু...."

"কিন্তু আসল বিষয় রিতিকে নিয়ে তাই তো??"

রীতা দেবী কিছু না বলে মাথাটা নীচু করলে সংযুক্তা ওনার হাতে হাত রেখে বলল-

"মা? তো কি হয়েছে রিতি আছে তো? বরং এটা তো আরো ভালো। তুমি খুব ভালো করেই জানো মা আমি বাচ্চাদের খুব পছন্দ করি। আর দেখো মা স্যার যদি একটা অনাথ মেয়েকে আপন করে নিয়ে নিজের মেয়ের নাম দিতে পারে তাহলে আমি কেন তাকে আপন করে নিতে পারবো না?? সত্যি বলতে আমার রিতিকে খুব পছন্দ হয়েছে। তাই ওকে মেনে নিতে আমার কোনো সমস্যা নেই।"

রীতা দেবী মাথা তুলে বললেন

"তার মানে তুই বিয়েতে...."

"রাজি। আমার কোনো সমস্যা নেই।"

রীতা দেবী কথাটা শুনে খুব খুশী হলেন। সংযুক্তার মাথায় একটা স্নেহের পরশ দিয়ে উনি চলে গেলেন সবাইকে খবরটা জানাতে আর সংযুক্তা নিজের কিছু কাজ নিয়ে বসলো। প্রায় আধ ঘন্টা পর ওর ফোনে ঋষিরাজের ফোন আসে। ফোনটা ধরতেই ঋষিরাজ বলে

"বিরক্ত করলাম না তো?"

"আরে না না স্যার আমি তো বসেই ছিলাম। আপনি বলুন না কী বলবেন।"

"আসলে রিতি আপনার সাথে কথা বলার জন্য জেদ করছে। তাই আপনি যদি ব্যস্ত না থাকেন তাহলে কী একটু ভিডিও কল করতে পারি?"

"হ্যাঁ হ্যাঁ অবশ্যই।"

ঋষিরাজ ফোনটা কেটে ভিডিও কল করে ফোনটা রিত্বিকাকে দেয়। রিত্বিকা তো ফোনটা নিয়ে মনের আনন্দে কথা বলতে থাকে তার ভালো আন্টির সাথে। আর ঋষিরাজ একপাশে বসে শুধু ওদের দুজনের মুখটা দেখতে থাকে। ওর খুব ভালো লাগে ওদের একসাথে এভাবে দেখে। প্রায় কুড়ি মিনিট ধরে কথা বলার রিত্বিকা ফোনটা কেটে দিলে ঋষিরাজ আবার ভয়েস কল করে সংযুক্তাকে।

"সরি আপনাকে এভাবে ডিস্টার্ব করার জন্য। আসলে ও...."

"আরে না না স্যার আপনি এসব বলবনে না। বরং আমার তো বেশ ভালো লাগে রিতির সাথে কথা বলতে। খুব মিষ্টি মেয়ে ও।"

"হুম জানি। আচ্ছা কাল তো আপনার ডিউটি আছে। তো ছুটির পর কী একবার দেখা করা যেতে পারে? আসলে আমার আপনার সাথে কিছু কথা আছে।"

সংযুক্তা কিছুক্ষণ চুপ থেকে কিছু ভাবে। আর ওকে চুপ করে থাকতে দেখে ঋষিরাজ বলে

"দেখুন আপনার কোনো সমস্যা থাকলে...."

"সন্ধ্যা সাড়ে সাতটা মুন ক্যাফে। আমি আপনার জন্য অপেক্ষা করবো।"

ঋষিরাজ প্রথমে ওর কথাটা বুঝতে পারেনি তাই কয়েক মুহূর্ত সময় নিয়ে ভালো করে কথাটা ভেবে মুচকি হেসে বলল

"আমি পৌঁছে যাবো। এখন রাখি। গুড নাইট।"

"গুড নাইট।"

পরেরদিন সন্ধ্যাবেলা সময় মতো সব কাজ শেষ করে সংযুক্তা মুন ক্যাফেতে আসে। ওর আসার প্রায় পনেরো মিনিট পরে ঋষিরাজ সেখানে আসে। ওকে দেখে সংযুক্তা উঠে দাঁড়ালে ঋষিরাজ এসে ওর সামনের চেয়ারে বসে ওকেও বসতে বললো।

"অনেকক্ষণ অপেক্ষা করালাম?"

"আরে না না আমি তো এই এলাম।"

"তাহলে ঠিক আছে। আচ্ছা তাহলে কিছু অর্ডার করি। খেতে খেতে কথা হবে।"

সংযুক্তা হালকা মাথা নাড়লে ঋষিরাজ একজন ওয়েটারকে ডেকে দু-কাপ কফি আর কিছু হালকা খাবার অর্ডার করলো। কিছুক্ষণ পর খাবার চলে এলো। সংযুক্তা কফিতে একবার চুমুক দিয়ে বলল

"বলুন স্যার কী জন্য ডেকেছেন।"

"আসলে মা বলছিল আপনি বিয়েতে মত দিয়েছেন। আর সেই নিয়েই আপনার সাথে একটু কথা বলার ছিল। আসলে আপনি তো সবই জানেন রিতির বিষয়ে। আর তাই আমি চাই না আপনি মনের মধ্যে কোনো সঙ্কোচ রাখুন। তাই...."

"আপনি ভাববেন না স্যার। আমি সবরকম ভেবে চিন্তেই এই সিদ্ধান্ত নিয়েছি। এবার আপনার যদি আমাকে পছন্দ না হয়...."

"আরে না না এসব কি বলছেন। আপনাকে পছন্দ হবে না কেন?"

"ওহ তার মানে বলছেন যে আপনার আমাকে পছন্দ?"

ওর কথা শুনে ঋষিরাজ ভ্যাবাচ্যাকা খেয়ে ওর দিকে তাকালে সংযুক্তা হেসে ফেলে।

"আরে স্যার চাপ নিচ্ছেন কেন? আমি তো শুধু একটু মজা করছিলাম।"

বলেই আবার হেসে উঠল। আর ঋষিরাজ একভাবে তাকিয়ে থাকলো ওর হাসি মুখটার দিকে। এর আগে অসংখ্যবার সংযুক্তার সাথে দেখা হলেও ও কখনো এভাবে ওকে দেখেনি। সেই প্রথম দিনের ঝগড়া থেকে শুরু করে দু বছর ওরা একসাথে কাজ করেছে। নানা মেডিক্যাল ক্যাম্পে ওরা একসাথে কাজ করেছে। প্রতিবার সংযুক্তার নতুন রুপ দেখেছে। কখনো প্রতিবাদী, কখনো দয়াময়ী, কখনো আবার প্রচন্ড মেজাজী। কিন্তু এমন প্রাণ খুলে হাসতে খুব কমই দেখেছে। তাই আজ ওর হাসি ভরা মুখটা দেখে ঋষিরাজের মনে কোথাও একটা তীব্র ভালোলাগা তৈরী হচ্ছে।

অন্যদিকে সংযুক্তা ঋষিরাজকে একভাবে ওর দিকে তাকিয়ে কীসব ভাবতে দেখে বেশ কয়েকবার ওকে ডাকে কিন্তু ঋষিরাজ তাও সাড়া না দিলে ওর সামনে হাত নাড়তেই ঋষিরাজ নিজেকে সামলে সোজা হয়ে বসে।

"যদি কিছু মনে না করেন তাহলে একটা কথা বলবো স্যার?"

"হ্যাঁ বলুন না।"

"না মানে দেখুন আমরা তো একটা নতুন সম্পর্ক শুরু করতে চলেছি তাই আমি ভাবছিলাম যে সেই শুরুটা না হয় আরেকটা সম্পর্ক দিয়ে করে তাহলে ভালো হয়।"

"মানে? ঠিক বুঝলাম না।"

"বন্ধুত্ব। আসলে আমি ভাবছিলাম যে আমরা যে সম্পর্ক শুরু করতে চলেছি সেটার ভীত যদি আমরা বন্ধুত্বের সম্পর্ক দিয়ে করি তাহলে ভালো হবে। আর আমার মনে হয় যে স্বামী স্ত্রীর সম্পর্ক যদি বন্ধুত্বপূর্ণ হয় তাহলে সম্পর্কের ভীত আরো মজবুত হবে। আর এমনটা করলে আমরা নিজেরাও একে অপরের সাথে খোলাখুলিভাবে কথা বলতে পারবো।"

"কথাটা কিন্তু আপনি খুব ভালো বলেছেন।"

"তো বন্ধু?"

সংযুক্তা নিজের একটা হাত ঋষিরাজের দিকে এগিয়ে দিলে ঋষিরাজ মুচকি হেসে ওর সাথে হ্যান্ডশেক করে বলে

"কিন্তু আমার একটা শর্ত আছে।"

"কী শর্ত?"

"এই যে এবার থেকে আমাকে স্যার না বলে আমার নাম ধরে ডাকতে হবে মানে ঋষি বলে ডাকতে হবে। আর এই আপনি বলাটাও বাদ দিতে হবে।"

"ওকে ডান। কিন্তু আপনাকেও আমাকে নাম ধরে ডাকতে হবে আর তুমি করে কথা বলতে হবে।"

"আমিও তো তাই চাই কিন্তু তুমি হয়তো তা চাও না তাই তো এখনো আমাকে আপনি করে বলছো।"

"ওহ সরি আসলে ভুল করে বেরিয়ে গেছে।"

"প্রথমবার তাই ক্ষমা করলাম।"

ওর কথা শুনে সংযুক্তা আবার হেসে উঠল।

আট মাস পর।।

সেদিনের পর কেটে গেছে আট মাস। বদলে গেছে অনেককিছু। রিত্বিকার জন্য হলেও সংযুক্তা আর ঋষিরাজ অনেকটা কাছাকাছি এসেছে। ওদের দুজনের মধ্যে একটা নতুন সম্পর্ক তৈরী হয়েছে। আর দুই পরিবারের মতে ওদের বিয়ের সব আয়োজন করা হয়। গত পরশু সংযুক্তা আর ঋষিরাজের বিয়ে হয়েছে। আর আজ ঋষিরাজ দাঁড়িয়ে আছে সংযুক্তার সামনে হাত ভাত কাপড়ের থালা নিয়ে। সব নিয়ম মেনে সংযুক্তার হাতে থালাটা দিয়ে ঋষিরাজ বলল-

"আজ থেকে জীবনের প্রতিটা যুদ্ধে তোমার পাশে থাকার কথা দিলাম। তোমার প্রতিটা সিদ্ধান্তে তোমার পাশে থেকে তোমাকে এগিয়ে যাওয়ার সাহস জোগানোর কথা দিলাম। তোমার দুর্বলতা না বরং তোমার শক্তি হওয়ার কথা দিলাম।"

সংযুক্তা হাতে থালাটা নিয়ে বলল

"আজ থেকে আমিও প্রতিটা মুহূর্তে তোমার পাশে থাকার কথা দিলাম। তোমাকে, তোমার পরিবারকে আর তোমার মেয়েকে আজ থেকে নিজের করে নিলাম। সবাইকে সবসময় প্রতিটা মুহূর্ত হাসিখুশি রাখার এবং রক্ষা করার দায়িত্ব নিলাম। "

ওদের কথা শুনে উপস্থিত সকলের মুখে হাসি ফুটে উঠল। ভাত কাপড়ের অনুষ্ঠান শেষ হওয়ার পর সংযুক্তা সবাইকে খেতে দিল। আভা দেবী জোর করে ওকেও ঋষিরাজের পাশে খেতে দিল। তখনই রিত্বিকা এসে সংযুক্তার কোলে বসে বলল

"মাম্মাম, বাবাই তোমরা আমাকে ছেড়ে খেতে বসে গেলে?"

ঋষিরাজ ওর মাথায় হাত বুলিয়ে বলে-

"না সোনা আমরা তো তোমার জন্যই অপেক্ষা করছিলাম।"

"মাম্মাম আজ আমি তোমাদের দুজনের হাতে খাবো। খাইয়ে দাও না।"

"দেবো তো সোনা।"

বলে সংযুক্তা আর ঋষিরাজ একসাথে রিত্বিকাকে থাইয়ে দিতে লাগলো। আর এটা দেখেই সবার মুখেই একটা তৃপ্তির হাসি ফুটে উঠল।

সমাপ্ত

10

ইন-হেলার

ইন-হেলার

সৃষ্টি পাহাড়ি

" কি হয়েছে নিকি? কোথায় যাচ্ছ?" বাড়ি ঢুকে নিকিতাকে তাড়াহুড়োয় ব্যাগে জামা কাপড় ঢোকাতে দেখে অবাক চোখে প্রশ্ন করল সৌম্য,এগিয়ে গেল ওর দিকে। নিকিতা নিজেকে কিছুটা সামলে নিয়ে চোখ দুটো মুছে সৌম্যর দিকে তাকাল,যদিও সৌম্যর কাছ থেকে লুকোতে পারল না বিশেষ কিছুই । সৌম্য ওর জলমাখা চোখ দুটোর দিকে তাকিয়ে ব্যস্ত হয়ে উঠে বলল: কি হয়েছে? কেউ কিছু বলেছে? কলেজে কোন সমস্যা?

সৌম্যর কথা শুনে নিকিতা আর নিজেকে সামলে রাখতে পারল না,কেঁদে ফেলল হু হু করে। ভেজা গলায় বলল: ঠাম্মি আর নেই সৌম্য...

নিকিতার কথা শুনে সৌম্য-ও যেন বুকের মাঝে কোথায় একটা শুন্যতা অনুভব করল| উনিই ছিলেন সেই প্রথম মানুষ যিনি নির্দ্বিধায় ওদের সম্পর্কটাকে মান্যতা দিয়েছিলেন| নিকিতা যখন সৌম্যর কথা বাড়িতে জানায় তখন নিকিতা কলেজের চাকরিটা পেয়ে গেলেও,সৌম্য কিছুই করত না| তা ছাড়া ও যে অনাথ, সেটা জানার পর ওদের অপত্তিটা তীব্র হয়েছিল আরো| সেসময় নিকিতার বাড়ি থেকে অন্য কেউ সম্পর্কটাকে মেনে না নিলেও ওর ঠাম্মি ওদের দুজনকে কাছে ডেকে মাথায় হাত রেখে আশীর্বাদ করে বলেছিলেন "সুখী হও বাবা"| ওনার আশীর্বাদেই আজ সৌম্য কলকাতা পুলিশের প্রাইভেট ইনভেস্টিগেটর দপ্তরে বেশ উঁচু পদে চাকরি করে| ওর চাকরি পাকা হওয়ার খবরে আশালতা দেবী,মানে নিকিতার ঠাম্মি সবচেয়ে

বেশি খুশি হয়েছিলেন| তাই আজ সেই মানুষটার মৃত্যু সংবাদ সৌম্যকে কিছু মুহূর্তের জন্য স্তব্ধ করে দিতে সক্ষম হলো বৈকি| কয়েক মুহূর্ত পর নিজেকে সামলে নিয়ে সৌম্য বলল: আমিও যাব|

নিকিতা দুহাতে মুখ চেপে ফুঁপিয়ে ফুঁপিয়ে কাঁদছিল,সৌম্যর কথা শুনে মুখ তুলে বলল: তুমিও যাবে?

সৌম্য: হম্ম|

কয়েকটা জামা-কাপড় ব্যাগের মধ্যে কোন ভাবে ঢুকিয়ে নিয়ে বেরিয়ে এলো সৌম্য,সাথে নিকিতা| গাড়ি বের করে এক্সেলেটরে চাপ দিলো সে| কলকাতার শহরতলি অঞ্চলেই নিকিতার বাড়ি,তাই কলকাতার জ্যাম কাটিয়ে পৌঁছাতে ঘন্টা-খানেকের বেশি সময় লাগল না| বাড়িটাকে বাইরে থেকে দেখেই বোঝা যাচ্ছিল, এখানে খুব বড়সড় কিছু একটা ঘটে গেছে| সৌম্য গাড়ি পার্ক করে নামতে যাবে এমন সময় নিকিতা বলল: একটা কথা বলব?

নিকিতার গলার স্বরে কি যেন ছিল,সৌম্য থমকে গিয়ে ঘুরে তাকিয়ে বলল: হম বলো|

নিকিতা: আমার মনে হয় না ঠাম্মির স্বাভাবিক মৃত্যু হয়েছে|

নিকিতার কথাটা সৌম্যর মনের মধ্যে হাজারো প্রশ্নের জন্ম দিল,একটা অজানা তোলপাড় শুরু হলো ওর ভেতরে| ও বলল: তার মানে তুমি বলতে চাইছ...

নিকিতা মাথা নাড়লো| সৌম্য বলল: কিন্ত..কে?

নিকিতা: সেটা তুমি খুঁজে বের করো, ঠাম্মি তো দেখতে চেয়েছিল তোমার গোয়েন্দাগিরি|

কথা শেষ করেই নিকিতা বেরিয়ে গেল, খানিক্ষণ হতভম্ব হয়ে বসে থেকে বেরিয়ে এলো সৌম্য-ও|

নিকিতা আর সৌম্য ঘরে ঢুকতেই আশেপাশের প্রতিবেশিরা নিজেদের মধ্যে চোখ চাওয়াচাওই করল, ঠোঁটের কোনটা সামান্য বেঁকে উঠল প্রায় সবার-ই| নিকিতা বা সৌম্য কেউই অবশ্য সে ব্যাপারটাকে বিশেষ গুরুত্ব দিলো না| নিকিতা গিয়ে ওর ঠাম্মির পাশে বসল,ফুঁপিয়ে ফুঁপিয়ে কেঁদে চলেছে ও| সৌম্য কিছুটা দূরে গিয়ে দাঁড়ালো| নিকিতার মা,রিতা দেবী এগিয়ে এসে নিকিতার মাথায় হাত রাখলেন| নিকিতার বাবা,অরুণ বাবু এসে কিছুটা গলা খাঁকারী দিয়ে,কথাটা যেন সৌম্যকে উদ্দেশ্য করে বলছেন,এমন ভাবে বললেন: এ ঘরটা এবার একটু খালি করে দিতে হবে,আমরা বেরোব এবার...

সৌম্য অবশ্য ওর জায়গা থেকে নড়ল না| আশালতা দেবীর আলতা রাঙানো পা দেখে ও বুঝেছিল প্রস্তুতি প্রায় শেষই এদিকে, ওদের জন্যই হয়ত অপেক্ষা করছিল বাকিরা| নিকিতা উঠে সরে আসে, আর প্রায় সাথে সাথেই নিকিতার কাকা এবং কাকিমা, নিলয় এবং প্রীতি দেবী ভেতরে ঢোকেন| সৌম্যকে দেখে প্রীতি দেবী খানিক চোখ টাটান,তবে পরিস্থিতি বিবেচনা করেই হয়ত কিছু বলেন না| সৌম্য কোণে দাঁড়িয়ে ঘরের মধ্যে থাকা বাকি জিনিসগুলো দেখতে লাগল| খাটের প্রায় পাশেই একটা ছোট্ট টেবিল, তাতে বেশ কয়েকটা ওষুধ আর একটা ইনহেলার রাখা| অরুণ বাবু এবং নিলয় বাবু আশালতা দেবীর ওপর থেকে চাদরটা সরিয়ে দেহটা বাসের খাটিয়ায় শুইয়ে আবার চাদরটা চাপা দিয়ে দেন| মিনিট খানেকের মধ্যে ঘটনাটা ঘটলেও সৌম্যর চোখ কুঁচকে যায়, আশালতা দেবীর পায়ের আঙ্গুল গুলো কেমন যেন মোড়া| সেটাকে অস্বাভাবিক লাগার কোন কারণ না থাকলেও সৌম্যর মনে একটা কাঁটা খচ খচ করতে লাগল| অরুণ বাবু, আর নিলয় বাবু বেরিয়ে গেলেন, সাথে বাড়ির মেয়েরাও কিছুদূর এগিয়ে যাওয়ার জন্য বেরোলো| নিকিতা যেতে চাইল না,বলল শরীর ভালো লাগছে না| ওরা বেরিয়ে যাওয়ার প্রায় সাথে সাথে সৌম্য নিকিতাকে বলল: তোমার মায়েদের ফিরতে কতক্ষণ সময় লাগবে?

নিকিতা প্রশ্নটা আশা করেনি, হতভম্ব হয়ে গিয়ে কয়েক সেকেন্ড পর বলল: পনেরো,কুড়ি মিনিট মতো| ওরা শ্মশানের সামনে থেকেই ঘুরে আসবে|

সৌম্য মাথা নাড়লো, বলল: তুমি এখানে থাকো, আমি ওপরে সবার ঘরগুলো একটু দেখে ফিরে আসছি|

নিকিতা কিছু না বুঝতে পেরে মাথা নাড়ল| সৌম্য তরতরিয়ে ওপরে উঠে গেল| প্রথমেই নিকিতার বাবা-মার ঘর| তারপর রান্না ঘর,তারপর নিকিতার কাকু-কাকিমার ঘর| সৌম্য অরুণ বাবুদের ঘরে ঢুকতে গিয়েও ভ্রু কুঁচকে দাঁড়িয়ে গেল| কোন ঘরের দরজাতেই তালা দেওয়া নেই,কিন্তু নিলয় বাবুদের রুমে তালা লাগানো| সৌম্য পকেট থেকে ওর সব দরজা খোলা চাবিটা দিয়ে দরজা খুলে ভেতরে ভেতরে ঢুকে গেল| এদিক-ওদিক তাকাতে তাকাতে হঠাৎই ওর চোখে পড়ল ঘরের কোণে রাখা ডাস্টবিনটার দিকে| ও ডাস্টবিনটায় উঁকি দিয়ে অবাক হলো,তার মধ্যে অবিকল আশালতা দেবীর ইনহেলারের মত একটা ইনহেলার ফেলা| সৌম্য পকেট থেকে রুমাল বার করে ইনহেলারটা তুলে রুমালে মুড়ে রেখে দিলো,তারপর নেমে এলো নীচে| ঘড়ি উল্টে দেখল আরো সাত মিনিট সময় আছে ওর কাছে| ও নিকিতাকে জিজ্ঞাসা

করল: ঠাম্মির শেষ হওয়া ওষুধ কোথায় ফেলা হয়?

নিকিতা: এখানে নীচেই কোথাও...

নিকিতাকে কথা শেষ করতে হলো না,সৌম্য খাটের নিচে জড়ো করা ইনহেলারগুলো দেখতে পেয়ে গেছে| ও তার মধ্যে থেকে একটা তুলে নিয়ে আবার ওপরে চলে গেল,নিকিতা অবাক চোখে তাকিয়ে রইল ওর দিকে|

ঠিক সাড়ে তিন মিনিট পর সৌম্য ইনহেলারটা ডাস্টবিনে ফেলে ওর সব দরজা খোলা চাবি দিয়ে দরজায় তালা লাগিয়ে নেমে এলো| নিকিতা কিছু বলতে যাবে,তার আগেই ও বলল: পরিষ্কার রুমাল আছে তোমার কাছে?

নিকিতা কিছু না বলে প্যান্টের পকেট থেকে রুমাল বার করে সৌম্যর হাতে দিলো| সৌম্য টেবিলের ওপর রাখা ইনহেলারটা তুলে অন্য একটা পকেটে রেখে দেয়| তারপর নিকিতাকে প্রশ্ন করে: তুমি কখন ঘটনাটা জানতে পারলে? আর কে বলল তোমাকে?

নিকিতা খানিক্ষণ থেমে থেকে বলে: চারটার দিকে মা ফোন করেছিল, বলল কাকাই নাকি ঠাম্মির ঘরে এসে দেখে যে ঠাম্মি ঘুমের মধ্যেই...

নিকিতা কথা শেষ করতে পারে না,কেঁদে দেয়| প্রায় সাথে সাথেই রিতা দেবী আর প্রীতি দেবী ঘরে ঢোকেন| ওনারা কেউই মনে হয় আশা করেননি সৌম্য এতক্ষণ থাকবে| রিতা দেবী আর প্রীতি দেবী কিছুই না বলে ভেতরে চলে গেলেন| নিকিতা বলল: সৌম্য...তুমি এক কাজ করো, আমাদের ঘরে গিয়ে ফ্রেশ হয়ে যাও| সৌম্য মাথা নেড়ে ঘরে চলে এলো,নিকিতাও কিছু সময় পর গিয়ে ঢুকল রুমে| সৌম্য ফ্রেশ হয়ে খাটের কোণে বসলো,নিকিতা বলল: কিছু বুঝতে পারলে?

সৌম্যর খুব ক্লান্ত লাগছিল,ও খাটের উপর গা এলিয়ে দিতে দিতে বলল: ছলা বলা কলা করেন যিনি,

তিনি এক রহস্যময়ী নারী!

নিকিতা ভ্রু কুঁচকে বলল: তার মানে তুমি বলতে চাইছ যে এর পেছনে মা কাকিমার মধ্যে কেউ আছে?

সৌম্য: দেখা যাক!

পরের দিন...

নিকিতাদের অশুচ, তাই বাড়িতে রান্নার নিয়ম নেই| নিকিতার এক দূরসম্পর্কের মাসি তাই সকাল সকাল এসে পৌঁছেছেন,ভাত টুকু যাতে ফুটিয়ে দিতে পারেন| সকালে চায়ের টেবিলে এক নতুন সদস্য,অনির্বানের সঙ্গে দেখা হলো সৌম্যর| নিলয় বাবু ও প্রীতি দেবীর ছেলে,সঙ্গ-দোষে একেবারেই বখে

গেছে| সারাদিন ঘুরে বেড়িয়ে,মদ খেয়ে রাত করে বাড়ি ফেরে| তাই-ই এর সাথে আগে দেখা হয়নি সৌম্যর| চায়ে শেষ চুমুকটা দিয়ে ঘরে এসে সৌম্য নিকিতাকে বলল: আমি একটু লাল বাজারে যাচ্ছি,তাড়াতাড়িই ফিরব|

নিকিতা: হঠাৎ লাল বাজার?

" একটু কাজ আছে" বলল সৌম্য,বিশেষ ভাঙতে চাইল না| গাড়ির চাবিটা তুলে নিয়ে বেরিয়ে গেল প্রায় নিঃশব্দেই| সিঁড়ি দিয়ে নামতে যাবে এমন সময় উল্টোদিকের ঘর থেকে ভেসে আসা মহিলার কন্ঠের সাথে যুবকের কথোপকথন ওকে থামিয়ে দিল| কিছু ছেঁড়া ছেঁড়া কথা ওর কানে এলো..

" এবার তো একটা কাজের ব্যবস্থা কর,এভাবে আর কতদিন?"

" এ সম্পত্তিতে কি তুই ভাগের আশা রাখছিস?"

" এ ঘরে তো আমার-ও সমান অধিকার,তা কেন ছাড়ব আমি?"

" যা করার এখনই করতে হবে,এরা তো তোকে কিছু দেবে বলে মনে হয়না| এমনিও বুড়ির বিশেষ নজর ছিল না তোর ওপর.."

এই সময় সিঁড়ির পাশে একটা ছায়া এসে পড়ায় সৌম্য দ্রুত নামতে বাধ্য হলো,পরের কথাগুলো আর ওর শোনা হলো না| দরজা দিয়ে বেরোতে যাবে এমন সময় ওর মনে পড়ল বাড়ির সবার ফিঙ্গারপ্রিন্ট নিতে তো ও ভুলেই গেছে! দ্রুত ওপরে উঠে ঘরে ঢুকল সে| নিকিতা চুপ করে বসেছিল,ওকে দেখে বলল: তুমি? ফিরে এলে যে?

সৌম্য: একটা হেল্প করে দিতে পারবে?

নিকিতা: কি?

সৌম্য: তোমার মা আর কাকিমার ফিঙ্গারপ্রিন্ট জোগাড় করে দিতে পারবে?

নিকিতা খানিক্ষণ চুপ করে থেকে মাথা নেড়ে"হ্যাঁ" বেরিয়ে গেলো| সৌম্য একটা কাগজ নিয়ে নিচে গিয়ে বসার ঘরে অরুণ বাবু এবং নিলয় বাবুর সাথে যোগ দিলো| বলল: ডেথ সার্টিফিকেটের এপ্লিকেশনটা করিয়ে নিয়ে আসব ভাবছি, আপনারা যদি একটু নামগুলো লিখে দেন..

অরুণ বাবু খানিক্ষণ স্থির থেকে পেনটা নিয়ে নাম লিখতে লাগলেন| সৌম্য ব্যাগ থেকে আরেকটা পেন-কাগজ বার করে নিলয় বাবুকে দিলো| ওনারা নাম লিখে কাগজ আর পেনদুটো ফেরত দিয়ে দিতে সৌম্য সাবধানে রুমালে মুড়ে সেগুলো ব্যাগে ঢুকিয়ে নিলো, ওদের অলক্ষ্যেই| তারপর কিছু একটা নিতে ভুলে গেছে এমন একটা ভঙ্গিতে ওপরে চলে গেল আবার| নিকিতা

দুটো গ্লাসে দুজনের ফিঙ্গারপ্রিন্ট নিয়ে তৈরি ছিলো, বলল: এটা মা-র,এটা কাকিমার| সৌম্য সেই গ্লাসদুটোকেও দুটো আলাদা কাপড়ের টুকরোয় মুড়ে নিলো,তারপর বলল: আমি একটু ঘুরে আসছি|

বেলা বাড়তেই কলকাতায় বেড়েছে জ্যামের দৌরাত্ম্য,তাই লাল বাজার পৌঁছতে ওর প্রায় দু-ঘন্টা লাগল| নিশিকান্ত বাবু ফাইল চেক করছিলেন,ওকে দেখে একটু অবাক হয়েই বললেন: কিছু হয়েছে নাকি সৌম্য? এমন বিধ্বস্ত লাগছে তোমাকে?

সৌম্য সে প্রশ্নের উত্তর না দিয়ে বলল: কয়েকটা ফিঙ্গারপ্রিন্ট টেস্ট করানোর আছে|

নিশিকান্ত বাবু: কিছু হয়েছে?

সৌম্য: জানিনা,তবে সন্দেহ করছি|

সৌম্য ব্যাগ থেকে ইনহেলার দুটো আর ফিঙ্গারপ্রিন্ট সংগ্রহ করা পেন-গ্লাসগুলো বার করে বলল: এগুলোর কোনটায় কার ফিঙ্গারপ্রিন্ট আছে সেগুলো আমি ছোট ছোট করে কাগজে লিখে এদের সাথে আটকে দিয়েছি| আপনি এই ইনহেলার দুটোই থাকা ফিঙ্গারপ্রিন্ট এদের সাথে মিলিয়ে দেখুন ম্যাচ করে কিনা| আর খেয়াল রাখবেন নতুন ইনহেলারের লকটা যেন কাটা না হয়|

নিশিকান্ত বাবু: সে তো বুঝলাম, কিন্তু ম্যাচ করলে?

সৌম্য উঠে দাঁড়াতে দাঁড়াতে বলল: ফোন করবেন আমায়| এখন চলি|

সারা দুপুরটা সৌম্য অস্থির ভাবে পায়চারী করতে লাগল,ছেঁড়া টুকরোগুলোকে যেন কিছুতেই মেলাতে পারছে না ও| নিকিতা বেশ কয়েকবার জানতে চেয়েছে ওর কি হয়েছে,কিন্তু সদুত্তর না পেয়ে হাল ছেড়ে দিয়েছে| বিকেল চারটের সময় হঠাৎই সৌম্যর ফোনটা বেজে উঠল| ওর মুখ দেখে মনে হলো ও যেন এই ফোনটার অপেক্ষাতেই ছিল|এক তরফা কিছু কথা শোনা গেল..

"মিলে গেছে?"

" আচ্ছা আচ্ছা"

"ফোর্স নিয়ে চলে আসুন,ঠিকানাটা পাঠিয়ে দিচ্ছি"

"মহিলা পুলিশ নিয়ে আসবেন"

নিকিতা ঘরে না থাকায় ও এ বিষয়ে প্রশ্ন করার কোন সুযোগ পেল না| ফোনটা আসার পর সৌম্যর মধ্যে অন্য একটা তোলপাড় শুরু হলো,ও যেন

খুব গোপনে এক আসন্ন যুদ্ধের প্রস্তুতি নিচ্ছে|

পুলিশের জিপ বলেই বোধহয় মিনিট পঁয়তাল্লিশের মধ্যে তা নিকিতার বাড়ির ঠিকানায় পৌঁছে গেল| পুলিশের জিপ দেখে বাড়ির সবাইই বেশ অবাক হলো| সবাইকে বিস্ময়ের চরম সীমায় পৌঁছে দিয়ে নিশিকান্ত বাবু ভেতরে ঢুকলেন সাথে কনস্টেবল এবং মহিলা পুলিশ| সৌম্য নেমে এসে ওদের বসতে বলল,বাড়ির প্রায় সবাইই জড়ো হয়েছেন বসার ঘরে| অরুণ বাবুই প্রথম কথা বললেন: এসবের মানে কি সৌম্য?

সৌম্য: বলছি,অপেক্ষা করুন একটু|

নিলয় বাবু উত্তেজিত স্বরে বলে উঠলেন: না না,অপেক্ষা কেন করব? তোমার সাহস কি করে হয় আমাদের বাড়িতে পুলিশ ঢোকানোর? তুমি জা...

নিলয় বাবুকে চুপ করিয়া দিয়ে নিশিকান্ত বাবু বললেন: আপনি চুপ করুন,আপনার কথা শুনতে এখানে আসিনি আমরা|

সৌম্য একটা সোফার ওপর বসতে বসতে বলল: এবার তাহলে পুরো ঘটনাটা একটু জানা যাক| নিলয় বাবু,আপনিই তো প্রথম মৃতদেহ আবিষ্কার করেন?

নিলয় বাবু: হুম্ম,তাতে কি?

সৌম্য: তারপর খবরটা কাকে জানান?

নিলয় বাবু: বৌদিকে| কেন?

সৌম্য উত্তর না দিয়ে রিতা দেবীর দিকে তাকিয়ে প্রশ্ন করে: তখন আপনি কোথায় ছিলেন মা?

রিতা দেবী: রান্না ঘরে,বাসন তুলছিলাম|

সৌম্য: নিলয় বাবু আপনাকে কি বলেছিলেন?

রিতা দেবী একটু চুপ করে থেকে বললেন: ঠাকুরপো বলল যে মায়ের শরীর একদম ঠান্ডা হয়ে গেছে,শ্বাস পড়ছে না..

সৌম্য: শুনে আপনি কি করলেন?

রিতা দেবী: ঠাকুরপোর সাথে নীচে গেলাম, আমাদের সাথে তো প্রীতি-ও নেমেছিল|

সৌম্য প্রীতি ডেবিট দিকে তাকিয়ে বললেন: আপনি কি জানতেন যে আশালতা দেবী মারা গেছেন?

প্রীতি দেবী কিছুটা ঘাবড়ে গিয়ে বললেন: হ্যাঁ..ম.. মানে ন..না,না|

সৌম্য: তাহলে আপনি নিচে গেলেন কেন?

নিলয় বাবু: আমি বলেছিলাম তাই|

সৌম্য: রিতা দেবীকে বলার আগে?

নিলয় বাবু চুপ করে গেলেন| অরুণ বাবু বললেন: তাতে কি প্রমান হয়?

সৌম্য: বলছি বাবা| আগে আপনারা কেউ আমাকে আশালতা দেবীর দুপুরের রুটিনটা বলুন|

" ঠাম্মি তো ভাত খেয়ে ইনহেলার নিয়ে শুয়ে পড়ত, ইনহেলার না নিলে শুয়ে থাকতে পারত না,শ্বাসটান ধরত বারবার" উত্তর দিলো নিকিতা|

সৌম্য: নিজেই নিতেন ইনহেলার?

নিকিতা মাথা নেড়ে "হ্যাঁ" বলল|

সৌম্য এবার নিশিকান্ত বাবুর কাছ থেকে ইনহেলারের কন্টেনার দুটো চেয়ে নিয়ে বলল: এই দুটো ইনহেলারের সিসি দেখতে একদম এক না?

অরুণ বাবু: হম্ম..তো?

সৌম্য: আশালতা দেবীকে ওষুধ কে এনে দিতেন?

অরুণ বাবু: ভাইই প্রায় এনে দিত,আমিও মাঝে মাঝে দিতাম|

সৌম্য: শেষ বার কে এনেছিলেন?

অরুণ বাবু: ভাই|

সৌম্য: নিশিকান্ত বাবু,আপনি মোড়ের ওষুধ দোকানটায় একটু খোঁজ করলেই জানতে পারবেন সেদিন নিলয়বাবু দুটো ইনহেলার কিনেছিলেন| একটা বাড়িতে রেখে অপরটা নিয়ে চলে যান ল্যাবে, ইনহেলারের গ্যাসে মিশিয়ে দেব পটাশিয়াম সায়ানাইডের বাষ্প| তারপর বাড়ি এসে সিসি দুটো বদলে দেন| আশালতা দেবী পটাশিয়াম সায়ানাইড মেশানো ইনহেলারটা নিয়ে নেন এবং প্রায় সাথে সাথেই মারা যান| নিলয় বাবু খানিক্ষণ পর ফিরে আসেন এবং ওনার মৃতদেহটাকে দ্রুত কোনভাবে শুইয়ে দিয়ে ঘরে ফিরে ইনহেলারটা বদল করে ঘরে ফিরে যান| তারপর ওই ইনহেলারটা ফেলে দিয়ে ওনার বৌদি মানে মাকে খবর দেন|

সবাই মন্ত্রমুগ্ধের মত সৌম্যর কথা শুনছিল,এমন সময় নিলয় বাবু বললেন: কি প্রমান আছে আমিই করেছি এসব?

সৌম্য: আপনারা ল্যাবে খোঁজ করলে খুব সহজেই জানা যাবে সেখান থেকে দিন তিনেক আগে কিছু পরিমান পটাশিয়াম সায়ানাইড চুরি যায়| আমার এক বন্ধু ওই ল্যাবে কাজ করে,সেই আমাকে জানিয়েছে কথাটা| দ্বিতীয়ত,দুটো কন্টেইনারের ওপরই আপনার হাতের ছাপ পাওয়া গেছে| তৃতীয়ত সঠিক ইনহেলারের কন্টেইনারটা খোলাই হয়নি,এবং তাতে আপনি ছাড়া অন্য কারো হাতের সামান্যতম ছাপ-ও পাওয়া যায়নি| আশালতা

দেবী যদি ঘুমের মধ্যেই মারা গিয়ে থাকেন তাহলে তো ওনার ইনহেলারটা নেওয়ার কথা ছিল,কারণ ইনহেলার না নিয়ে তো উনি ঘুমোতে পারেননা| এবং চতুর্থত, আশালতা দেবী জীবিত অবস্থাতেই মারা যান,ওনার কুঁকড়ে থাকা পায়ের আঙ্গুলগুলোই তার প্রমান|

কথা শেষ করে সৌম্য পকেট থেকে ফোন বার করে একটা ছবি সবাইকে দেখায়,বিস্ময়ে সবারই তখন নিঃশ্বাসবন্ধ হয়ে আসার মত অবস্থা!

কয়েক মুহূর্ত সব কিছু চুপচাপ থাকার পর নিলয় বাবু হঠাৎই চিৎকার করে ওঠেন: হ্যাঁ আমিই করেছি এসব| তো কি করতাম? নিজের ছেলের ভবিষ্যতটা নষ্ট হয়ে যেতে দেখতাম? ও নেশা করে বলে ও সম্পত্তির কোন ভাগ পাবে না কিন্তু নিকিতা নষ্টামী করে বেড়ালেও সেই সম্পত্তির অধিকারী হবে? কেন?

" মুখ সামলে কথা বল নীল" অরুণ বাবু গর্জে উঠলেন|

নিলয় বাবু: সেদিন রাতে যখন মা আমাদের সবাইকে ডেকে অনিকে সবার সামনে অপমান করে বলে দিয়েছিল সম্পত্তিতে কোন ভাগ পাবে না,সেদিনই আমার প্রতিশোধ নেওয়ার ইচ্ছেটা তীব্র হয়ে মনের মধ্যে গেঁথে গিয়েছিল| আমি শুধু একটা সুযোগ খুঁজছিলাম, হঠাৎই প্রীতি আমাকে ইনহেলারের আইডিয়াটা দেয়| আমিও তাই-ই করি,আর আমার কোন আপসোস নেই আমার কাজের ওপর|

শেষের কথাগুলো আহত বাঘের মত শেষ করেন নিলয় বাবু| প্রায় সাথে সাথেই একজন কনস্টেবল ধাক্কা দিয়ে ঘরে ঢোকায় অনির্বাণকে| বাকিরা কিছু বলার আগেই সৌম্য আবার বলে: আপনি ছেলের ভবিষ্যৎ নিয়ে এত না ভাবলেও হত নিলয় বাবু,হিরে স্মাগলিং করে ও ইতিমধ্যেই যা কামিয়েছে,তাতে ওর বাকি জীবন ভালোই চলে যেত আশা করি| কিন্তু এখন তো আর কিছু করার নেই, বাপ ছেলে একসাথে জেলে বসে...

সৌম্যর কথা শেষ হওয়ার আগেই নিলয় বাবু এগিয়ে গিয়ে সপাটে চড় বসিয়ে দিলেন ছেলের গালে,বললেন: আমি তোর জন্য এত কিছু করলাম আর তুই! ছিঃ!

" স্মাগলিঙের একটা গ্রুপের কাছে অনির্বানের নাম আর চেহারার বর্ননা শুনেছিলাম,আজ খাবার টেবিলে বসে ওকে দেখে চিনতে পারি| তা ছাড়া যখন পুলিশ স্টেশনে যাচ্ছিলাম,তখন রাস্তার মোড়ে ওর সাথে আমার দেখা হয়,ও আমাকে দেখতে না পেলেও,আমি ওর জামার তলায় লুকোনো হিরের থলিটা ঠিক দেখতে পেয়েছিলাম,যেটা ও আজ রাতেই চালান করবে

ভেবেছিলো| এখনো ওটা ওর জামার হাতার নিচে আছে বলেই আমার বিশ্বাস" বলে সৌম্য|

নিশিকান্ত বাবু অনির্বানের হাতটা উল্টো করে জামার নিচ থেকে থলেটা বার করেন,তার থেকে বেরোয় পঁচিশ পিস ছোট ছোট করে কাটা হিরে| সবাই অবাক চোখে তাকিয়ে থাকে সেগুলোর দিকে|সৌম্য এবার প্রীতি দেবীর দিকে তাকিয়ে বলে: আপনি তো সবই জানতেন,তাই না প্রীতি দেবী?

প্রীতি দেবী মাথা নাড়লেন,নিলয় বাবু যেন কথা বলার শক্তি হারিয়ে ফেলেছেন| এক মহিলা পুলিশ এসে প্রীতি দেবীর হাতে হাতকড়া পরিয়ে দেব,অপরাধে ইন্ধন জোগানোর অপরাধে| ধীরে ধীরে নিলয় বাবু এবং অনির্বানকে নিয়ে বাকি কনস্টেবলরা বেরিয়ে যান, নিশিকান্ত বাবু-ও বেরিয়ে যান সৌম্যর সাথে হ্যান্ডশেক করে|

অরুণ বাবু এগিয়ে আসেন সৌম্যর দিকে, হাত দুটো ধরে কাঁপা কাঁপা গলায় বলেন: তোমাকে কি বলে ধন্যবাদ দেব বুঝতে পারছি না...

সৌম্য দেওয়ালে ঝোলানো মালা পরানো আশালতা দেবীর ছবিটার দিকে তাকায়| ছবিটা যেন মুচকি হেসে ওরই দিকে তাকিয়ে বলছে " দেখলে তো দাদুভাই,মানুষ চিনতে কিন্তু আমি মোটেই ভুল করিনি!"

11
ইতি

ইতি
সানু মন্ডল

রায়ান একটা পার্ক দেখে বাইকটাকে থামালো দিয়ে পার্কের ভেতরে প্রবেশ করতে দেখলো কিছু জুটি ভালো মুহূর্ত কাটাচ্ছে, সেটা দেখে রায়ান হাসলো আর পার্কের ভেতরে দূরে গিয়ে একটা বেঞ্চে বসে নিজের ব্যাগ থেকে খাতা আর কলম বার করে অনেকটা সময় নিয়ে কিছু একটা লিখলো তার পরে সেই পার্ক থেকে বেরিয়ে পরলো । খুব স্পিডে নিজের বাইক ছোটাচ্ছে রায়ান, স্পিড আনুমানিক 150।

সময় ১০টা বেজে ১২মিনিট খুব জোরে একটা শব্দ হলো VIP ROAD-এ ।সবাই ছুটে এসে দেখলো একটা ট্রাকের সাথে একটা বাইকের ধাক্কা লেগেছে আর খুবই বাজে ভাবে হয়েছে এক্সিডেন্টটা। ছেলেটার নাজেহাল অবস্থা। ওই ছুটে আসা ভিড়ের মধ্যে থেকেই কিছু ছেলে সেই এক্সিডেন্ট করা ছেলেটাকে তুলে নিয়ে তৎক্ষণাৎ পাশের একটা হসপিটালে নিয়ে গিয়ে ভর্তি করায়। আসলে এই ছেলেটা আর কেউই না, এই ছেলেটা ছিল রায়ান ।

রায়ানের অবস্থা এতটাই খারাপ ছিল যে ওকে তৎক্ষণাৎ OT তে শিফ্ট করা হলো। রায়ানের ফোন থেকে যারা রায়ান কে হসপিটালে নিয়ে এসেছিলো তারা রায়ানের বাড়িতে ফোন করে সমস্ত ঘটনা বিস্তারিত ভাবে জানালেন আর ওদের বললেন যেন তাড়াতাড়ি NEW LIFE NURSING HOME - এ চলে আসতে। রায়ানের পরিবারে রায়ান আর রায়ানের মা বাবা ছাড়া

আর কেউ নেই রায়ান তার মা বাবার একমাত্র সন্তান, রায়ানের এমন খবর পাওয়ার পরে যেন ওর মা বাবার মাথার ওপরে আকাশ ভেঙ্গে পড়ে।

বর্তমান সময়....

রায়ানের মা বাবার সাথে বিদিশার মা বাবার খুবই ভালো সম্পর্ক তাই ওরাও রায়ানের মা বাবার সাথে এসেছেন।

প্রায় ২ঘন্টা পর ডাক্তার বেরিয়ে আসলেন অপারেশন থিয়েটার থেকে, ডাক্তার উঠে আসতেই সবাই ছুটে গেলো ডাক্তারের কাছে আর সবার একটাই প্রশ্ন

" রায়ান কেমন আছে?
ওর জ্ঞান কখন ফিরবে? "

ডাক্তার- "Sorry ro say but he is no more.
আমরা সব চেষ্টা চালিয়ে গেছি কিন্তু ব্রেনে অনেকটা ক্ষতি হয়ে গেছিলো আর ব্লিডিং ও আমরা আটকাতে পারিনি ।যদি সে এখন বেঁচে যেত তাহলে আর মাত্র কয়েকবছরই বাঁচতো।

এই বলে ডাক্তার চলে গেলেন ।

কেবিনটা কিছুক্ষন শান্ত থাকার পরেই ভরে উঠলো কান্নাকাটির আওয়াজে ।

বিদিশা একটা জায়গায় চুপচাপ বসে পরলো ও মেনে নিতে পারছেনা যা হলো এক্ষুনি....

অনেক কষ্টে নিজের আর রায়ানের পরিবার কে বাড়িতে পাঠালো বিদিশা আর যখন ও নিজে বেরিয়ে যাবে তখন একটা নার্স এসে বললো

" আপনি বিদিশা সরকার? "

বিদিশা- "হ্যা আমিই বিদিশা সরকার, বলুন আপনার কী সাহায্য করতে পারি?"

নার্সটা একটা খাম বিদিশার হাতে দিলো আর বললো এটা যিনি মারা গেলেন সে বলেছিলো আপনাকে দিয়ে দিতে।

বিদিশা চিঠিটা নিয়ে বেরিয়ে পরলো, একটা নদীর পারে গিয়ে বসলো বিদিশা আর চিঠিটা খুলে পড়তে শুরু করলো ।

প্রিয়

জানো তো এখন না তোমার ওই " ভালোবাসি "
কথাটাকে না খুবই মিস করি।
তোমার ওই মান অভিমান করে " যাও তোমার সাথে কথা নেই " বলা সেগুলো কে মনে পরলেই না
কেন জানিনা একটা আলাদায় যন্ত্রনা অনুভব হয় বুকের বামপাশে । জানো তো তোমার ওই খিল খিল করে হেসে ওঠা মুখটা না আমার খুবই প্রিয়, সেই হাসি দেখেই কাটিয়ে দিতে পারবো হাজার হাজার বছর।
জানো তো, তোমার সাথে ওই কাটানো মুহূর্ত গুলোকে না হারিয়ে যেতে দিইনি ,আগলে রেখেছি নিজের কাছে। ওই স্মৃতি গুলো আমার কাছে অমর । আমি মরে গেলেও ওই স্মৃতি আমার মন থেকে কেউ মুছতে পারবে না। হ্যাঁ দেহ থেকে মুছেই যাবে কারণ ওটাতো চামড়ার শরীর আগুনে ঝলসে যাবে..., আগে তুমি আমাকে কত কী বলতে এই করবে না ওই করবে না আর এখন শুধু একটু আধটু কথা। এই আরকি তোমাকে কত কথাই বলা হলোনা হয়তো যতক্ষণ তুমি এই চিঠিটা পাবে আমি তোমার থেকে অনেক দূরে চলে যাবো কিন্তু একদমই মন খারাপ করবে না একটা ভালো ছেলে দেখে বিয়ে করে নিও। সে তোমাকে অনেক সময় দেবে, তোমাকে অনেক ভালোবাসবে দেখে নিও। তোমার সব আবদার চাওয়া পূরণ করবে তোমার সব ইচ্ছে সে পূরণ করবে তোমাকে ভালো রাখবে, খুব ভালো রাখবে। চললাম, কেমন?ভালো থেকো। অনেক ভালোবাসি ।
ইতি
Your Stupid Fellow

মতামত

বইটি পড়ে মতামত জানাতে ভুলবেন না একদম।

www.ingramcontent.com/pod-product-compliance
Ingram Content Group UK Ltd.
Pitfield, Milton Keynes, MK11 3LW, UK
UKHW040010200726
13854UKWH00001B/134